COLLECTION POÉSIE

HUGO VON HOFMANNSTHAL

Lettre de Lord Chandos

et autres textes
sur la poésie

Préface de Jean-Claude Schneider
Traductions de Jean-Claude Schneider
et Albert Kohn

nrf

GALLIMARD

PRÉFACE

De l'homme multiple, de l'écrivain aux facettes nombreuses, de la personnalité complexe cachée derrière des dons exceptionnels, quelle image doit-on ici privilégier, si l'on veut donner à lire ce qui est pour nous aujourd'hui le noyau essentiel de son œuvre poétique ? Est-ce le poète juvénile publiant autour de sa vingtième année une poignée de poèmes qui lui assurent d'emblée la célébrité et affirment sa maturité à l'âge où d'autres, longtemps encore, tâtonnent et se cherchent ? Est-ce l'auteur de pièces de théâtre en vers, qui exalte l'esprit de la Renaissance et oppose l'art à la mort ? Est-ce le prestigieux librettiste d'opéra associé malgré lui à un compositeur dont la musique marque plutôt un aboutissement et la fin d'un style ? Ou bien l'esprit européen qui, semblable au Goethe du Divan, *veut fondre occident et orient dans l'univers ambigu, à la fois onirique et réaliste, du conte ? Ou encore celui qui, pour sauver les valeurs dans une époque de vide artistique et de décadence politique, tourne le dos à l'absence de style de son temps et renoue avec les grands thèmes du passé, habillant à la mode contemporaine tour à tour la tragédie antique, le mystère du Moyen Age et les fantaisies baroques ?*

Disons-le d'emblée : la raison d'être de la présente édition doit être cherchée dans la mise en avant d'un écrivain qui parvient au sommet de son art là où il tente de nous expliquer pourquoi la poésie se refuse à lui, pourquoi le poète qu'il n'est plus, ou ne veut plus être, a perdu tout contact avec le réel, pourquoi, donc, il décide de se taire et rêve de parler désormais la « langue des choses muettes ». Hofmannsthal nous apparaît alors comme étant à l'origine de toute une littérature qui, dans sa langue et dans celles des pays proches, érige en principe le fait que l'écriture en est réduite aux conjectures et qu'elle ne possède, sur les personnages qu'elle extrait de l'ombre comme sur ce que cache ou révèle la langue, aucune certitude.

Lui-même, lorsqu'il voudra ensuite retrouver la hauteur de ton, l'exceptionnelle présence expressive qu'une crise passagère de désespoir a ouverte en lui, n'y parviendra qu'au travers d'expériences particulières relevant d'une mystique sans religion ; ainsi lorsque, quelques années plus tard, le bouleverseront jusqu'aux racines de l'être les peintures de Van Gogh ou les Korès du Musée de l'Acropole.

*

Hofmannsthal naît à Vienne, dans cette ville de la musique, des fêtes et du baroque, dont il dira qu'elle est « une ville aux sortilèges inépuisables, où l'on respire un air énigmatique, doux, saturé de lumière ! Et sous le ciel printanier, d'une clarté de rêve, ces palais baroques, gris-noir, aux porches fermés par des grilles de fer, aux moucharabiehs compliqués, où les armoiries montrent des lions et des lévriers de pierre, grands et gris ! Ces vieilles cours, emplies par le clapotis des fontaines fraîches, par les taches du soleil, le lierre et les amours !... Et, au crépuscule, ces recoins fascinants et ces impasses où les êtres qui s'y risquent perdent soudain leur banalité, leur matérialité corporelle...[1]*. » Voici déjà, inscrits comme par hasard dans les lieux où la vie de Hofmannsthal va tout entière se dérouler, cette atteinte à l'intégrité de la personne en même temps que cet appel vers un monde intermédiaire où « les choses sont faites du même tissu que les songes*[2]*. »*

A un an près, il est le contemporain de Rilke, et le rapprochement de ces deux noms, où nous retiendrons surtout ce qui les oppose, permet de mieux comprendre la résolution dont Hofmannsthal, au travers de Chandos, nous fait part. Comme Rilke, il pressent le vide de l'époque, la dissolution générale des valeurs qui est en cours sous les fastes du siècle ; pareillement le traversent angoisse et chaos, le menaçant jusque dans son expérience du langage. Mais il craint de s'enfoncer trop avant dans cette théologie négative, dans cette perte de réalité dont il pressent tous les abîmes, et sa nature le pousse à fuir la déperdition, l'informe. Rilke, au contraire, s'aventure d'instinct vers les extrêmes ; les Cahiers de Malte *en témoignent ; mais sans cet abandon aux forces qui le gouvernent, jamais nous n'aurions eu le cri inarticulé des* Elégies. *Combien parfaits*

1. *Gesammelte Schriften*, Proses, vol. I.
2. Hofmannsthal reviendra souvent sur ces paroles de Prospero dans *La Tempête* de Shakespeare, qu'imite notamment un vers de ses *Tercets*.

et sages nous semblent, comparés à elles, les poèmes de Hofmannsthal, et c'est bien de cela qu'ils souffrent : de trop vouloir la contemplation, l'équilibre immobile, et de ne pouvoir finalement s'incarner, épouser l'éphémère, l'informe. Reculant devant le vertige qui aurait pu les transformer en brûlure, Hofmannsthal n'a pas accompli la traversée des apparences, n'a pas voulu confier aux mots les gouffres que ces mêmes mots ouvraient devant ses pas.

*

Pour quelle raison un écrivain de vingt-huit ans, que quelques poèmes publiés à contrecœur ont très tôt rendu célèbre, décide-t-il soudain de se détourner de la poésie ? Ce qui aux yeux de Stefan George, l'aîné dont il suscite l'admiration, apparaît comme une trahison, s'explique en partie par la répulsion que Hofmannsthal éprouve pour une œuvre qui n'obéirait qu'à des soucis d'ordre esthétique. Les Journaux le suggèrent dès 1893 : « Le fondement de l'esthétique est l'éthique. » Seul le théâtre permet alors à Hofmannsthal de légitimer sur le plan éthique l'activité poétique, car il est le lieu où le rêve et la réalité se rejoignent et fusionnent. Seul le thème de la Mort et la manière dont il habite l'œuvre sauvent cette dernière au regard de l'éthique. Sans doute Hofmannsthal a-t-il toujours observé à l'égard de la chose artistique une attitude ambiguë ; il écrit dans une lettre qu'il envisage, en reprenant le motif des Bacchantes tiré d'Euripide, de traiter de façon allégorique des notions aussi complexes que « le rapport antinomique que tous les hommes entretiennent *avec l'art : fait d'enthousiasme et de haine sauvage*[1]. » *Plus tard, en 1927, il notera le début d'une « lettre imaginaire à C. B. » (qui n'est pas sans rappeler celui de la fameuse* Lettre *que nous évoquerons bientôt) : « Votre lettre m'a touché — m'a touché à cause de tout ce que vous sentez, comprenez — et parce que vous dites de mon œuvre de jeunesse qu'elle est aussi célèbre qu'incomprise. Je crois qu'il en est vraiment ainsi. Je m'étonne qu'on ait pu en faire un témoignage de l'art pour l'art — qu'on ait pu ne pas voir son caractère de confession, tout ce qu'elle avait de terriblement autobiographique*[2]. » *Mais on ne peut saisir la portée d'un tel aveu qu'en rappelant ce jugement : « Le beau, même en art, n'est pas pensable s'il ne s'accompagne de pudeur*[3]. »

S'ils n'étaient, ces poèmes, qu'agencement de mots et de musique, à l'image d'une certaine poésie symboliste, ils seraient allés rejoindre dans l'oubli d'autres Charmes *devenus objets « d'inanité sonore ». Et c'est vrai, pourtant, qu'ils sont d'une facture exemplaire, poussant jusqu'à la perfection l'impressionnisme de tous les modes du sentir pour dire les fugitives harmonies de la nature et de l'être, la perméabilité labile de tout ce qui vit, ces instants de fragile suspension, ces passages où s'échangent amertume et tendresse entre la peau d'un fruit, la chute des corps parvenus à maturité, l'eau d'un regard, ou comment le monde se donne et se refuse. Voilà bien ce qui, justement, ne suffit plus au poète (et nous laisse pareillement insatisfaits, puisque, plutôt que ces poèmes, nous préférons*

1. *Briefe*, vol. II, p. 155.
2. *Ad me ipsum.*
3. *Le Livre des amis.*

retenir ici les textes qui décident de leur rejet). Plus Hofmannsthal avance dans ce qu'il a à dire, et moins il s'accommode du seul pouvoir des mots. Le besoin de serrer la réalité de plus près, de servir l'éthique, explique son dégoût de l'art pour l'art, il n'explique pas la condamnation de la poésie en tant que forme littéraire. Pas plus que ne la justifie la crainte d'aller trop loin dans la mise à nu de soi, puisque Hofmannsthal lui-même qualifiera ensuite toute son œuvre « d'âme devenue forme[1]*. » C'est que ces belles chambres sonores commencent pour lui à se lézarder ; leur sol se dérobe sous ses pas et les objets qu'elles contiennent tombent en poussière si sa main les saisit. Ce sont des palais rendus inhabitables par la peur qu'a leur hôte de se dissoudre définitivement dans la poésie, de perdre toute consistance dans le jeu magique des mots. Ce qu'on pourrait appeler l'expérience de Chandos a déjà secoué tout l'univers du poète.*

*

De quoi s'agit-il ? Hofmannsthal, annonçant à un ami sa pièce L'Irrésolu, *la décrit ainsi : « un noyau individuel et métaphysique qui menace de faire éclater mon enveloppe. C'est le problème qui m'a souvent tourmenté et angoissé (dans* Le Fou et la mort *déjà, plus intensément dans* La Lettre de Lord Chandos *que vous connaissez peut-être) — comment l'individu solitaire parvient, grâce à la langue, à nouer un lien avec la société, mieux encore : à être irrémédiablement lié à elle ? — Et aussi : comment celui qui prend*

1. Dans une lettre à Borchardt.

la parole peut-il encore agir — puisque parler c'est déjà connaître, donc cesser d'agir ?[1] ». Pour le héros *de cette comédie, en effet, « il est impossible d'ouvrir la bouche sans provoquer les plus désastreuses confusions ».*

C'est d'abord le mot lui-même qui est menacé dans son pouvoir d'évocation. Si le Journal *note que les mots sont « des talismans » grâce auxquels « le chaos du monde est racheté, pris dans une forme », un poème,* L'Ombre d'un mort, *pose dès 1891 la question de la finalité de l'art : à quoi bon*

« Aligner, tels des cailloux de couleur,
Mensonge après mensonge, mot après mot » ?

Et un texte de 1895 reproche au mot de nous cacher les choses : « Les mots se sont interposés devant les choses... D'ordinaire, les mots ne sont pas au pouvoir des hommes, mais les hommes au pouvoir des mots. Les mots ne se livrent pas, ils détissent le fil de toute vie... Quand nous ouvrons la bouche, dix mille morts parlent toujours avec nous[2]*. » Dans un autre texte, en 1894, Hofmannsthal dénonce l'incapacité des mots à cerner nos idées : « Les mots sont des êtres vivants et devant les concepts ils fuient comme devant de grands chiens noirs » ; et les jeunes gens dont il évoque alors les pensées ne savent que constater leur impuissance à traduire la beauté et se contentent de dire : « Comme la beauté est belle*[3]*. »*

1. Lettre à Anton Wildgans.
2. Le texte, intitulé *Monographie « Friedrich Mitterwurzer »*, figure dans le volume *Lettre de Lord Chandos et autres essais*, Paris, Gallimard, 1980.
3. Dans *Philosophie du discours métaphorique*, in *Lettre de Lord Chandos..., op. cit.*

Tel est le mal dont souffre le poète. Si les mots lui refusent leur service, comment pourra-t-il, lui qui pense au moyen des mots, formuler aucun énoncé sur les choses ou les êtres, sur la vie ou le monde ? Chandos nous fait le récit de cette crise dans sa fameuse Lettre *qu'il faut bien prendre, tant le ton y est intense, pour une confession de Hofmannsthal. La connaissance est ruinée, c'est-à-dire l'identification du poète avec le monde. Ou, si celle-ci peut encore avoir lieu, dans les moments de dépassement du Moi, par la mémoire qui préexiste à son expérience et qui retrouve la démarche intuitive de l'enfance, c'est alors l'harmonie originelle entre ces trois pôles que sont l'objet, le concept et le mot, qui est rompue, disloquée. A partir de là, tout s'effondre et il devient improbable que puisse être proférée aucune vérité. Crise aussi grave que, pour Kleist, la perte de toute certitude après la lecture de Kant. Voici le Moi livré à l'empire des choses et incapable de communiquer son expérience schizophrénique.*

Hermann Broch, dans son essai sur Hofmannsthal[1]*, sans doute le plus pénétrant jamais consacré à cet écrivain, fait remarquer qu'un tel désespoir quant au langage (semblable à celui que dut éprouver Joyce) suppose à l'origine un amour absolu pour le langage et que c'est là, peut-être, que nous pouvons trouver l'explication d'un paradoxe qui est comme le corrélat énigmatique de ce texte singulier : « Qu'un écrivain puisse extraire d'une panique, qui doit avoir été sa propre panique, l'extase*

1. Hermann Broch, *Hofmannsthal et son temps* dans *Création littéraire et connaissance*, Paris, Gallimard, 1966.

qui suit toute œuvre réussie, cela touche à l'inimaginable[1]. »

*

Hofmannsthal en effet ne s'est pas enfermé alors dans un silence à la Rimbaud, mais il n'a plus guère écrit de poèmes par la suite. D'autres textes pourtant parviendront à une même intensité dans l'émotion et l'expression. Les Lettres du voyageur à son retour, Les Chemins et les rencontres *et* Instants de Grèce *nous plongent une fois encore dans la magie de cette prose. Le premier de ces écrits est, pour ainsi dire, une réponse à Chandos, car le « voyageur » a subi à peu près la même crise après des années d'exil dans des contrées lointaines où un regard, un sourire peuvent compter davantage qu'un livre. Il en est guéri lorsqu'il rencontre la peinture de Van Gogh, comme Chandos avait été apaisé par la vue d'un arrosoir, d'une herse ou d'un chien. Mais alors que Chandos, face aux objets de la réalité, percevait leur langue muette et ne parvenait pas à la faire passer dans la création artistique, le voyageur découvre ces mêmes objets modifiés par toute la charge subjective du peintre, c'est-à-dire comme remémorés, un peu comme Proust réhabite le concret et le vécu à travers la mémoire.*

Ces quelques textes, plus efficaces sur le plan de l'écriture que le plus inspiré des poèmes de Hofmannsthal, nous livrent ainsi une expérience qu'on a pu, à juste titre, qualifier de mystique ; car elle met le poète en rapport avec ce qu'il y a de plus originel en nous. On

1. Hofmannsthal dit en effet, dans un texte de 1897 intitulé *Gallicismes*, *op. cit.* : « Il faut aimer sa langue comme un exilé la fumée des chaumières de chez lui. »

peut lui appliquer ce que Jaspers, à propos de Plotin, décrit de la manière suivante : « C'est alors le paradoxe d'un état situé dans le temps et qui, par son essence, échappe à toute temporalité, celui d'un vécu transcendant à toute expérience qui se puisse vivre[1]*. » Pour Hofmannsthal, comme pour Plotin, l'âme éprouve une double nostalgie pour le sensible et le suprasensible, et les textes dont nous parlons tentent de retrouver dans le premier la révélation du second.*

*

Le poète, pareillement, est déchiré entre les deux pôles que sont l'art et la vie. C'est le dilemme qui se pose à lui. Ou bien il survole par l'esprit le cosmique, mais il perd la chaleur de la vie (« à ne faire que la contempler, elle se paralyse »); d'où la nécessité de l'action dont Hofmannsthal avait déjà eu la révélation en lisant le Wilhelm Meister *de Goethe (c'est d'ailleurs le thème du* Conte de la 672e nuit, *où le fils du marchand est condamné à une mort précoce parce que à vouloir contempler la beauté il s'est soustrait à la vie réelle). Ou bien il vit, mais renonce à la grande vision cosmique. C'est ce que les* Journaux *appellent « l'état ambivalent entre préexistence et culpabilité ». Dans « les eaux troubles de l'existence », la préexistence est ce qui nous laisse deviner, entrevoir l'unité du monde, une lueur, un pâle reflet de « cette soudaine illumination fulgurante où, la durée d'un instant, nous avons l'intuition du grand enchaînement de l'univers*[2]*. »*

1. Jaspers, *Les Grands Philosophes,* tome 4, Paris, Plon, 1972 (Collection 10/18).
2. In *Philosophie du discours métaphorique, op. cit.*

C'est aussi cette « vie extérieure » évoquée par le plus accompli des poèmes de Hofmannsthal, où l'âme, libre encore, est mêlée au tout, pas encore emprisonnée dans l'existence séparée du corps.

L'existence, en effet, sépare. Accomplir sa vie, lui donner un sens, c'est à l'inverse une périlleuse opération de rassemblement. D'où un éternel processus de dissolution et de recomposition, une perpétuelle métamorphose. La plupart des personnages, pour Hofmannsthal, sont ainsi divisés ; ou bien ils ont un double auquel il leur faut se confondre pour atteindre la complétude. Être, ainsi qu'une note préparatoire le dit de deux héros (d'Andreas et du fil de marchand) « le lieu géométrique de destins étrangers[1] *» implique une multiplication douloureuse du Moi et la menace de perdre toute cohérence. Telle est l'idée qui domine le roman inachevé, idée dont Hofmannsthal eut la confirmation en lisant un ouvrage de Norton Prince sur la dissociation de la personnalité*[2]*. Mais n'était-ce pas déjà le mal de Chandos, menacé de devenir la chose muette qu'il contemple, le rat qu'il affronte ? L'aphasie dont souffre le jeune Lord n'est pas due à quelque incapacité de nature, mais au contraire à une trop grande disponibilité à l'Autre (ce mot apparaît dans* L'Entretien sur des poèmes*). Et cette identification affective, cette empathie, peut aussi à l'inverse donner lieu à une palingénésie. C'est à partir de là que Hofmannsthal développera sa conception de l'*allomatique *: l'éducation par l'autre. Le poète est celui qui, par son pouvoir d'identification, perçoit les choses dans*

1. Dans les notes préparatoires au roman (épisode de *La Dame au petit chien*).
2. Cf. note 1 des *Lettres du voyageur à son retour.*

leurs rapports les unes aux autres, et comme les rapproche la chaîne des symbolisations ; le « fond véritable de la poésie » repose donc pour lui sur « la magie des associations[1]. » *Or cette magie, elle est partout présente, à chaque instant on peut la rencontrer : dans un paysage, dans un tableau, dans un rêve, sur la scène d'un théâtre, chez un être. Tout ce que nous rencontrons, que nous le voulions ou non, nous modifie.*

*

La rencontre — ce sera le sujet du bref récit Les Chemins et les rencontres — *peut ainsi devenir un instant privilégié : celui où les sens et l'esprit quittent ces domaines séparés pour se fondre ensemble. Le poète est quelqu'un qui va de rencontre en rencontre. Telle est l'image qu'en donne la conférence sur* Le Poète et l'époque présente, *celle d'un sismographe à l'écoute de toutes les altérations que le temps subit. D'où le rôle essentiel, éthique, qu'il joue dans la société, même à l'insu de celle-ci. Dépositaire, en outre, de tous les moments de l'histoire de l'esprit humain, il rassemble en lui, dans un présent imaginaire, passé et futur, et il est le gardien de la langue et des symboles.*

*

Cette peur qu'a eue le poète de se dissoudre dans l'absence de forme, de se perdre dans la multiplicité

1. Notes préparatoires à *Andreas (L'Aventure vénitienne de Monsieur von N.).*

chaotique, infiniment morcelée, de la vision du monde, si elle lui interdit de se livrer à l'exercice de la poésie (en tant que forme), c'est elle en revanche qui confère à ses meilleurs essais, à quelques textes poétiques à mi-chemin entre la fiction et la confession, à mi-chemin entre la vision et la méditation, leur incomparable beauté, certainement unique dans la littérature allemande de ce siècle (si l'on met à part Le Méridien *de Paul Celan). C'est que le danger auquel s'expose ailleurs l'esprit est ici contrebalancé par le garde-fou de la réflexion, et que Hofmannsthal s'abandonne alors sans appréhension au flux des images remémorées, au glissement à la surface des symboles, à la béance des mots qu'il dénonce et qui ouvre à chaque pas des abîmes de relations invisibles entre les choses, les pensées et les instants de vie.*

JEAN-CLAUDE SCHNEIDER

Poésie et vie [1]

Extrait d'une conférence

Traduction d'Albert Kohn.

Vous m'avez fait venir pour que je vous raconte quelque chose sur un poète de ce temps ou bien encore sur quelques poètes ou sur la poésie en général. Voús aimez entendre, pense-t-on certainement, ce dont j'aime parler. Nous sommes tous jeunes et ainsi, rien ne saurait apparemment être plus commode et plus anodin. Je crois réellement qu'il ne me serait pas très difficile d'assembler quelques centaines d'adjectifs et de verbes de telle façon qu'ils nous feraient plaisir un quart d'heure. En premier lieu, je le crois précisément parce que je sais que nous sommes tous jeunes et que je peux à peu près m'imaginer par qui vous aimez être menés. Il est passablement facile d'entrer par la flatterie dans les bonnes grâces de la génération à laquelle on appartient. « Nous » est une belle parole, les pays des contemporains de notre vie se déroulent comme de grands arrière-plans jusqu'aux océans et même jusqu'aux étoiles et, sous nos pieds, reposent les passés, allongés dans des abîmes transparents comme des prisonniers. Et de parler de la littérature de notre temps, il y a différentes façons qui sont plaisantes. Et vous particulièrement, vous êtes en effet tellement habitués à entendre discourir sur les arts ! Vous avez en votre mémoire un nombre incroyable de formules et de noms propres et tous vous disent quelque chose. Vous en êtes arrivés à ce qu'absolument plus rien ne vous déplaise. Je devrais, il est vrai, me garder de vous dire qu'à moi la plupart des noms ne me disent rien, purement rien du tout. Que de ce qui est signé de ces noms, même la moindre partie ne me satisfait d'aucune façon. Je devrais me garder de vous dire que je crois avoir sérieusement aperçu que l'on ne doit, que l'on ne peut, d'une manière générale, presque absolument pas parler des arts, que c'est seulement ce qui est en eux accessoire et sans valeur, qui ne se soustrait pas entièrement de lui-même au débat par le mutisme de sa nature et que l'on pratique d'autant plus le silence que l'on est entré profondément dans les fondements internes des arts. Je devrais donc vous mystifier et vous amener à fermer les yeux sur une grande différence dans notre façon de penser. Mais le printemps dehors et la ville où nous vivons avec ses nombreuses églises et ses nombreux jardins et les multiples espèces de gens et l'élément singulier, trompeur de la vie, l'élément qui dit oui, me viendraient en aide par tant de voiles colorés que vous croiriez que j'ai fait un sacrifice avec vous alors que je l'ai fait contre vous et que vous me loueriez.

D'autre part je crois que je ne pourrai vraiment pas trouver très grande difficulté à me mettre dans une opposition inattendue et quasiment distrayante avec votre goût et vos habitudes esthétiques. Mais qu'aux phrases où je pourrai essayer d'expliquer quelque chose de ce genre, vous souriiez du sourire des augures et des lecteurs de feuilletons trop exercés ou que vous m'écoutiez avec une aversion continue, en aucun cas je ne me flatterai d'avoir été compris de vous, en aucun cas je ne supposerai que vous ayez pris connaissance de mon opinion autrement qu'en apparence et formellement. Je me verrai alors attaqué avec des arguments qui ne m'atteignent pas et sous la protection d'arguments qui ne me couvrent pas. Je me paraîtrai maintes fois impuissant à me tirer d'affaire comme un enfant en tutelle puis de nouveau, ayant dépassé l'âge de me faire comprendre des autres, comme un trop vieil homme. Et tout cela dans mon propre terrain, dans la seule affaire à laquelle, il se peut, j'entende quelque chose. Car une sorte de bonne éducation vous interdira en effet de repousser la dispute dans les domaines voisins, totalement interdits à moi par mes ignorances, comme l'histoire, l'histoire des mœurs ou la sociologie. Mais dans mon propre petit champ je vous verrai combattre avec des armes lourdes contre ce que je regarde comme des épouvantails et, l'âme sereine, vous efforcer de franchir des ruisseaux que je tiens pour des frontières éternelles, d'une profondeur de gouffres et d'une force mortelle. Cependant je serai rempli de la plus grande méfiance au cas où éventuellement vous m'approuveriez. Je serais alors doublement convaincu que vous avez pris au sens figuré tout ce que j'avais entendu littéralement ou que quelque autre illusion ait eu lieu.

Tout l'éloge que je décernerai à mon poète vous paraîtra parcimonieux : c'est seulement faible et ténu qu'il parviendra à vos oreilles par-dessus une large crevasse de silence. Vos critiques et experts en art, quand ils font des éloges, en ont la bouche pleine comme des tritons qui crachent de l'eau, mais leur éloge va aux ruines et aux parties, le mien à la totalité, leur admiration au relatif, la mienne à l'absolu.

Je crois que le concept de totalité dans l'art s'est absolument perdu. On a assemblé nature et reproduction en une chose hybride, inquiétante comme dans les panoramas et les cabinets de figures de cire. On a avili le concept de poésie jusqu'à celui d'une confession enjolivée. D'une immense confusion, certaines paroles de Goethe sont responsables : elles ont un sens figuré trop subtil pour être bien saisi par les biographes et les rédacteurs de notes. On se rappelle les dangereux symboles de la poésie de circonstance et de « l'écriture qui libère votre âme »[1]. Je ne sais ce qui ressemblerait plus à un panorama que la manière dont on a accommodé *Werther* dans les biographies de Goethe, avec ces indications effrontées de la limite où va la matérialité des faits vécus et où commence la toile de fond. On s'est ainsi créé un nouvel organe pour jouir de l'absence de forme. La décomposition de ce qu'il y a de spiritualité dans l'art a été pratiquée en commun, ces dernières années, par les philologues, les rédacteurs de journaux et les pseudo-poètes. Le fait que nous nous comprenons tellement peu aujourd'hui, que je ne saurais vous parler d'un poète de votre temps et de votre langue aussi facilement qu'un voyageur anglais pourrait nous instruire réellement de quelque chose au sujet de la conception du monde et des usages d'un peuple asiatique, vient d'une grande pesanteur et d'une grande laideur que de nombreux esprits qui se nourrissent de poussière ont mises dans notre civilisation.

J'ignore si parmi tous les bavardages fatigants sur l'individualité, le style, la conviction, l'atmosphère et ainsi de suite, vous n'avez pas perdu la conscience que le matériau de la poésie c'est les mots, qu'un poème est un tissu sans poids fait de mots qui, par leur arrangement, leur timbre et leur contenu, en reliant le souvenir de choses visibles et le souvenir de choses audibles avec l'élément du mouvement, produisent un état d'âme fugitif, exactement circonscrit, de la netteté du rêve, que nous appelons atmosphère. Si vous pouvez retrouver le chemin de cette définition du plus léger des arts vous vous serez débarrassé d'une espèce de charge confuse de votre conscience. Les mots sont tout, les mots avec lesquels on peut appeler à une nouvelle existence les choses vues et entendues et, selon des lois inspirées, donner l'illusion d'une chose en mouvement. De la poésie, aucun chemin direct ne conduit dans la vie, de la vie aucun ne conduit dans la poésie[1]. Le mot considéré comme support d'un contenu de vie et le mot frère, appartenant au rêve et qui peut figurer dans un poème, cherchent à s'écarter l'un de l'autre et, flottant dans les airs, passent l'un devant l'autre, étrangers l'un à l'autre comme les deux seaux d'un puits. Aucune loi extérieure ne bannit de l'art toute ratiocination, toute querelle avec la vie, toute relation immédiate avec elle et toute imitation directe de celle-ci mais une simple impossibilité. Les choses pesantes peuvent aussi peu y vivre qu'une vache dans les cimes des arbres. « De la valeur de la poésie » — je me sers des mots d'un auteur qui m'est inconnu mais qui a de la valeur[2] — « de la valeur de la poésie, ce n'est pas le sens qui décide (sinon elle serait quasiment sagesse, cuistrerie) mais la forme, c'est-à-dire absolument rien d'extérieur, mais ce quelque chose de profondément excitant dans le mètre et la musique par quoi les esprits originaux, les maîtres, se sont distingués à toutes les époques de descendants, d'artistes de second ordre. La valeur d'une poésie n'est pas non plus déterminée par une trouvaille isolée, si heureuse soit-elle, dans le vers, la strophe ou une plus grande tranche du poème. C'est seulement l'assemblage, la relation entre elles des différentes parties, la conséquence nécessaire de l'un à partir de l'autre qui caractérisent la grande poésie. »

J'ajoute deux remarques qui s'ensuivent presque d'elles-mêmes : Le discours rhétorique, où la vie apparaît comme matériau, et les réflexions élevées dans une langue soutenue n'ont aucun droit au nom de poème.

De la seule chose décisive : le choix des mots et la place qu'ils doivent occuper (le rythme), ce sera toujours en dernier lieu chez l'artiste le sens de la cadence, chez l'auditeur la réceptivité qui auront à juger.

Cela, qui est seul à constituer l'essence de la poésie, est méconnu la plupart du temps. Je ne connais dans le style d'aucun art un élément qui soit plus honteusement délaissé que l'épithète chez les soi-disant poètes allemands modernes. On la place sans y penser ou avec une intention de peinture criarde qui paralyse tout. Cependant l'insuffisance du sentiment rythmique est pire. Presque personne ne semble plus savoir que c'est là le levier de tout effet. Ce serait élever un poète au-dessus de tous les Allemands des dernières décennies que de pouvoir dire de lui : il a les adjectifs qui ne sont pas mort-nés et ses rythmes ne vont nulle part contre sa volonté.

Tout rythme porte en lui la ligne invisible du grand

mouvement qu'il peut produire. Quand les rythmes se figent, le geste de passion qui se cache en eux devient tradition comme ceux dont se compose l'insignifiance d'un ballet ordinaire.

Je ne saurais bien concevoir les « individualités » qui n'ont pas de ton personnel et dont les mouvements intérieurs se conforment à un rythme accessoire. Je ne peux plus entendre leurs rythmes empruntés à Uhland, à Eichendorff et je n'envie pas l'oreille grossière de quelqu'un qui est encore capable de le faire.

Le ton personnel est tout. Celui qui ne le respecte pas se prive de la liberté intérieure qui peut seulement rendre l'œuvre possible. Le plus courageux et le plus fort est celui qui est capable de placer ses mots avec le plus de liberté. Car rien n'est aussi difficile que de les arracher à leurs associations fausses et résistantes. Une association verbale neuve et hardie est le plus merveilleux présent pour les âmes et n'est pas moindre qu'une statue de l'éphèbe Antinoüs ou un grand portail voûté.

Qu'on nous laisse être artistes en mots comme d'autres dans les pierres blanches et de couleur, dans le bronze repoussé, dans les sons musicaux purifiés, dans la danse. Qu'on nous loue pour notre art mais qu'on loue les rhéteurs pour leurs convictions et leur énergie, les maîtres de sagesse pour leur sagesse, les mystiques pour leurs illuminations. Si l'on veut en revanche des confessions, il faut les trouver dans les mémoires des hommes d'État et des hommes de lettres, dans les aveux des médecins, des danseuses et des mangeurs d'opium. Pour les gens qui ne savent pas distinguer la matière et l'œuvre artistique, l'art n'existe absolument pas, mais, il est vrai, pour eux aussi les pages écrites ne manquent pas.

Vous vous étonnez de moi. Vous êtes déçus de trouver que je vous expulse la vie de la poésie. Vous vous étonnez qu'un poète fasse pour vous l'éloge des règles et voie dans les successions de mots et les mètres la totalité de la poésie. Mais il y a déjà trop d'amateurs qui louent les intentions. La chose absolument sans valeur a des serviteurs dans tous les esprits lourds. Soyez d'ailleurs rassurés. Je vous restituerai la vie. Je sais en quoi la vie a affaire avec l'art. J'aime la vie, bien plus, je n'aime que la vie. Mais je n'aime pas qu'on désire mettre des dents d'ivoire à des personnes représentées en peinture et qu'on assoie des figures de marbre sur des bancs de pierre comme si c'étaient des promeneurs. Vous devez vous déshabituer de réclamer qu'on écrive à l'encre rouge pour faire croire qu'on écrit avec du sang [1].

Je vous ai trop parlé d'effet et trop peu d'âme. Oui, car je tiens l'effet pour l'âme de l'art, pour son âme et son corps, pour son noyau et son écorce, pour son être plein et total. S'il n'exerçait pas d'effet, j'ignorerais pourquoi l'art serait là. Mais s'il exerçait son effet par la vie, par la matière qu'il renferme, j'ignorerais une nouvelle fois pourquoi il serait là. On a dit que parmi les arts se faisait sentir une aspiration mutuelle à quitter chacun la sphère de ses propres effets et à rêver aux effets d'un art frère. D'ailleurs la musique, but commun d'une pareille aspiration à être différent se détache nettement car c'est l'art où l'on a surmonté la nature jusqu'à l'oubli.

L'élément de l'art de la poésie est un élément spirituel, ce sont les paroles flottantes, aux significations infiniment multiples, suspendues entre Dieu et la créature. Une école poétique pleine de beaux sentiments, d'une époque à moitié passée, a été responsable de beaucoup de raideur et d'une intelligence étroite, en se montrant trop prodigue de comparaisons entre les poèmes et des pierres taillées, des bustes, des joyaux et des édifices.

Ce qui vient d'être dit explique pourquoi les poèmes sont comme les coupes de peu d'apparence mais enchantées, où chacun voit la richesse de son âme, mais où les âmes indigentes ne voient presque rien.

A commencer par les Veda, par la Bible, tous les poèmes ne peuvent être saisis que par des vivants, seuls des vivants peuvent en jouir. Une pierre taillée, un beau tissu se livre toujours, un poème peut-être une fois dans la vie. Un grand sophiste a blâmé les poètes de ce temps d'être trop ignorants de la ferveur des mots. Mais que connaissent les hommes de ce temps de la ferveur de la vie ! Ceux qui ignorent l'état d'être seul et d'être ensemble, d'être fier et d'être humble, d'être plus faible et d'être plus fort comment devront-ils reconnaître dans les poèmes les signes de la solitude, de l'humilité et de la force ? Mieux quelqu'un sait parler et plus est fort en lui le faux-semblant de pensée, plus il est loin des commencements des chemins de la vie. Et c'est seulement au prix de parcourir les chemins de la vie, au prix des fatigues de leurs abîmes et des fatigues de leurs sommets que s'achète l'intelligence de l'art spirituel. Mais les chemins sont si longs, les expériences incessantes qu'on y fait sont absorbées si inexorablement l'une par l'autre que l'absurdité de toute explication, de tout commentaire, se dépose sur les cœurs comme une paralysie mortelle et pourtant divine et ceux qui comprennent véritablement sont en retour silencieux comme les véritables créateurs.

Vous m'avez fait venir pour que je vous parle d'un poète. Mais je ne peux rien vous raconter que ses poèmes ne puissent faire, ni sur lui, ni sur un autre poète, ni sur la poésie en général. Ce qu'est la mer, ce n'est surtout pas aux poissons qu'il faut le demander. Tout au plus qu'elle n'est pas de bois, voilà ce qu'on apprend d'eux.

Le poète et la vie [1]

Traduction d'Albert Kohn.

Celui qui a toujours affaire aux reflets sera peu enclin, dans le bien et le mal, à croire aux choses solides.

Le réel n'est pas beaucoup plus que la fumée enflammée d'où les phénomènes doivent apparaître. Mais les phénomènes sont enfants de cette fumée.

C'est la plus dangereuse des professions que celle qui s'occupe toujours de l'apparence de la chose morale. Elle conduit à se satisfaire de possibilités morales.

La connaissance de la possibilité de représenter console en face de l'asservissement exercé par la vie. La connaissance de la vie console de ce que la représentation a le caractère d'une ombre. C'est ainsi que vie et représentation sont liées entre elles. La conscience de cela tirera vers le bas un artiste faiblement doué, elle poussera au sommet un artiste qui l'est fortement.

Le poète conçoit toutes choses comme frères et enfants du même sang. Cependant cela ne le conduit à aucun désarroi. Il estime infiniment l'unicité de l'événement. Au-dessus de tout il place l'être isolé, le processus isolé car en chacun il admire la conjonction de mille fils qui arrivent des profondeurs de l'infini et ne se rencontreront nulle part de nouveau, jamais complètement ainsi. C'est là qu'il apprend à rendre justice à sa vie.

Une lettre[1]

Lettre de Lord Chandos

Traduction de Jean-Claude Schneider.

Voici la lettre que Philipp Lord Chandos, dernier fils du comte de Bath, écrivit à Francis Bacon, plus tard Lord Verulam et vicomte de Saint-Alban, afin de s'excuser d'avoir renoncé à toute activité littéraire[1].

Il est aimable à vous, ami très vénéré, de fermer les yeux sur mes deux années de silence et de m'écrire comme vous le faites. Il est plus qu'aimable de donner à l'inquiétude que je vous inspire, à l'étonnement que vous cause l'engourdissement intellectuel où je vous parais sombrer, cette expression de légèreté et de badinerie dont seuls savent user de grands hommes qui sont imprégnés des périls de la vie et ne sont pourtant pas découragés.

Vous concluez sur l'aphorisme d'Hippocrate : « Qui gravi morbo correpti dolores non sentiunt, iis mens aegrotat »[2], et vous pensez que j'ai besoin de la médecine, non seulement pour maîtriser mon mal, mais plus encore afin de rendre plus aigu le sentiment de mon état interne. Je voudrais vous répondre comme vous le méritez de moi, voudrais m'ouvrir à vous entièrement, et ne sais comment m'y prendre. A peine je sais déjà si je suis encore le même à qui s'adresse votre précieuse lettre ; suis-je donc, à vingt-six ans maintenant, celui-là qui, à dix-neuf, écrivit ce « Nouveau Pâris », ce « Rêve de Daphné », cet « Épithalame », ces pastorales titubant sous leur faste verbal, dont une reine sublime et quelques Lords et Seigneurs par trop indulgents ont assez de bienveillance pour se souvenir encore ? Et suis-je, une fois encore, celui qui, à vingt-trois ans, sous les festons de pierre de la grande place à Venise, trouvait en lui cet assemblage de périodes latines dont le tracé et l'architecture spirituels ravissaient son âme plus que les édifices, surgissant de la mer, construits par Palladio et par Sansovino ? Et ai-je pu, si toutefois c'est moi, de cette élucubration de ma pensée la plus tendre perdre si totalement toute trace et cicatrice au fond de mon être indéchiffrable, que dans votre lettre, posée là devant moi, le titre de ce petit traité me renvoie une image étrangère et froide et que même je ne pus le comprendre immédiatement comme une figure bien connue de mots agencés, ne pus le saisir que terme à terme, comme si ces vocables latins, associés de la sorte, se présentaient pour la première fois sous mes yeux ? Pourtant c'est bien moi, et il y a de la rhétorique dans ces questions, une rhétorique bonne pour les femmes et la Chambre des Communes, mais dont l'efficacité, si surestimée à notre époque, ne suffit pas à pénétrer jusqu'au cœur des choses. Or c'est mon être profond qu'il me faut vous exposer, une singularité, une discordance, disons même une maladie de mon esprit, si je veux vous faire comprendre qu'un abîme aussi infranchissable me sépare des travaux littéraires qui m'attendent apparemment, que de ceux que j'ai laissés derrière moi et que, tant est étrangère la langue qu'ils me parlent, j'hésite à nommer ma propriété.

Je ne sais ce qu'il me faut admirer davantage, du caractère pressant de votre bienveillance ou de l'incroyable acuité de votre mémoire, lorsque vous me rappelez les divers petits objets que je portais en moi en ces jours communs de belle inspiration. C'est vrai, je voulais décrire les premières années du règne de notre glorieux souverain, feu Henri le Huitième [1] ! Les notes laissées par mon grand-père, le Duc d'Exter, au sujet des négociations avec la France et le Portugal m'ont fourni une manière de fondement. Et en ces jours de bonheur, d'exaltation, Salluste faisait passer en moi, comme par des conduits jamais obstrués, la connaissance de la forme, cette forme profonde, vraie, intérieure, qui ne peut être pressentie que par-delà la barrière des artifices rhétoriques, celle dont on ne peut plus dire qu'elle met la matière en ordre, parce qu'elle l'imprègne, l'élève en l'annulant, créant ensemble fiction et vérité [2], un jeu réciproque de forces éternelles, une chose magnifique comme la musique et l'algèbre. Tel était mon projet favori.

Qu'est donc l'homme, pour qu'il fasse ainsi des projets !

Je jonglais aussi avec d'autres ambitions. Votre lettre affable les fait pareillement remonter à la surface. Chacune d'elles nourrie d'une goutte de mon sang, elles dansent devant moi comme des mouches tristes sur un mur morne que n'éclaire plus le soleil des journées heureuses.

Dans les fables et récits mythiques laissés par les Anciens et pour lesquels peintres et sculpteurs ont une complaisance infinie et instinctive, je voulais mettre à nu les hiéroglyphes d'une sagesse secrète, inépuisable, dont j'ai cru parfois, comme au travers d'un voile, sentir le souffle.

Je me souviens de ce projet. Il reposait sur je ne sais quel désir sensuel et spirituel : comme le cerf traqué aspire à se plonger dans l'eau, de même moi dans ces corps nus, luisants, dans ces sirènes et dryades, ces Narcisse et ces Protée, ces Persée et ces Actéon[1] : en eux je voulais disparaître et en eux parler leur langue. Je voulais. Je voulais bien d'autres choses encore. Je pensais établir un recueil d'« apophtegmes », comme Jules César en a composé un[2] : vous vous rappelez la mention qu'en fait Cicéron dans une lettre. Mon intention était de juxtaposer les paroles les plus remarquables que j'aurais réussi à rassembler dans ma fréquentation des hommes érudits et des femmes spirituelles de notre temps, des particuliers pris dans le peuple ou d'éminentes personnes cultivées rencontrées dans mes voyages ; je voulais y adjoindre de belles sentences et réflexions tirées des œuvres des Anciens et des Italiens, et tous autres ornements spirituels relevés au hasard des livres, des lettres ou des conversations ; et mentionner en outre des fêtes et cortèges d'une beauté singulière, des crimes remarquables et des cas de démence, décrire les plus grands et les plus curieux édifices des Pays-Bas, de France, d'Italie, et bien d'autres choses encore. L'ouvrage dans son ensemble devait porter le titre « Nosce te ipsum »[3].

Pour me résumer : toute l'existence m'apparaissait autrefois, dans une sorte d'ivresse continuelle, comme une grande unité : univers spirituel et corporel ne semblaient pas constituer de contradiction, non plus que la courtoisie et la bestialité, l'art et l'inculture, la solitude et la société ; en tout je percevais la nature, dans les errements de la folie comme dans les raffinements extrêmes d'un cérémonial espagnol ; dans la balourdise des jeunes paysans non moins que dans les plus exquises allégories ; et dans toute nature je percevais moi-même ; quand, dans ma hutte de chasseur, je faisais couler en moi le lait tiède, écumant, qu'une créature hirsute tirait du pis d'une vache au regard doux pour le recueillir dans un seau de bois, cela n'était pour moi pas différent des moments que je passais, assis sur le banc encastré contre la fenêtre de mon atelier, à puiser dans un in-folio la douce nourriture effervescente de l'esprit. L'un et l'autre se valaient ; nul ne le cédait à l'autre ni pour le caractère de rêve supraterrestre qu'il détenait ni pour la vigueur corporelle qu'il dispensait, et il en allait de même à travers tout le champ de la vie, à main droite et à main gauche ; partout j'étais dedans, ne percevant aucune apparence trompeuse : ou bien j'avais le pressentiment que tout était symbole, et chaque créature la clef d'une autre, et je me sentais en état d'empoigner l'une après l'autre pour déchiffrer avec son aide autant qu'elle en pouvait déchiffrer... Ainsi s'explique le titre que je songeais donner à ce livre encyclopédique.

Cela, aux yeux de qui serait ouvert à de telles convictions, pourrait apparaître comme le plan harmonieux d'une Providence divine, qui aurait fait ainsi retomber mon esprit d'une présomption si démesurée dans une pusillanimité et une débilité extrêmes, désormais la disposition permanente de mon âme. Mais ce genre d'interprétation religieuse n'a aucune prise sur moi ; elle fait partie de ces toiles d'araignée que mes pensées traversent en flèche pour déboucher sur le vide, tandis que nombre de leurs semblables y restent accrochées et y trouvent le repos. Pour moi, les mystères de la foi se sont condensés en une allégorie sublime qui se tend comme un arc-en-ciel au-dessus des champs de ma vie, dans une distance constante, toujours prête à reculer s'il me prenait fantaisie de courir vers elle et de vouloir m'envelopper dans l'ourlet de son manteau.

Or, mon ami vénéré, les notions terrestres se dérobent à moi de la même manière. Comment tenter de vous dépeindre ces étranges tourments de l'esprit, ce mouvement qu'ont les branches porteuses de fruits pour se redresser loin de mes mains tendues, ce recul de l'eau murmurante devant mes lèvres assoiffées ?

Mon cas, en bref, est celui-ci : j'ai complètement perdu la faculté de méditer ou de parler sur n'importe quoi avec cohérence.

D'abord il me devint peu à peu impossible de disputer d'une matière élevée ou assez générale, de fournir alors à ma bouche ces mots dont pourtant, d'habitude, tous les hommes font un usage spontané, sans hésiter. J'éprouvais un malaise inexplicable à seulement prononcer les mots « esprit », « âme », ou « corps ». J'étais empêché, au fond de moi, de porter un jugement sur les affaires de la cour, les incidents au Parlement, sur tout ce que vous pourriez imaginer. Et cela, non par égard d'aucune sorte, car vous connaissez ma franchise, allant jusqu'à l'étourderie : mais les termes abstraits, dont la langue pourtant doit se servir de façon naturelle pour prononcer n'importe quel verdict, se décomposaient dans ma bouche tels des champignons moisis. Il m'arriva de vouloir réprimander ma fille Katharina Pompilia, âgée de quatre ans, pour un mensonge d'enfant dont elle s'était rendue coupable, de vouloir lui montrer la nécessité de dire toujours la vérité, et, ce faisant, les notions qui me vinrent à la bouche prirent soudain une coloration si changeante, débordèrent à ce point les unes dans les autres, que, dévidant tant bien que mal ma phrase jusqu'au bout et comme pris de malaise, ayant effectivement le visage blême et ressentant une violente pression autour du front, je laissai l'enfant seule, claquai la porte derrière moi et ne recouvrai tant soit peu mes esprits qu'une fois en selle, au bout d'un bon temps de galop à travers la lande déserte.

Or ce doute s'amplifia peu à peu comme une rouille qui ronge autour d'elle. Même dans les conversations usuelles et terre à terre, tous les jugements qu'on émet d'ordinaire à la légère et avec la sûreté d'un somnambule me devinrent si scabreux que je dus cesser de prendre aucune part à de telles discussions. Une irritation inexplicable, que je dissimulais à grand-peine et de manière indigente, m'envahissait quand j'entendais des paroles du genre : cette affaire s'est bien ou mal terminée pour tel ou tel ; le shérif N* est un méchant, le prêtre T* est un homme bon ; le fermier M* est à plaindre, ses fils sont des gaspilleurs ; un autre est enviable, parce que ses filles sont économes ; une famille s'élève socialement, une autre tombe en déchéance. Tout cela me semblait si indémontrable, si erroné, aussi véreux qu'il est possible[1]. Mon esprit m'obligeait à regarder toutes les choses qui se présentaient au cours de tels entretiens à une distance inhabituellement proche : de même qu'une fois j'avais vu dans un microscope un bout de la peau de mon petit doigt, qui ressemblait à une rase campagne avec des sillons et des cavités, de même en allait-il à présent avec les êtres humains et avec leurs agissements. Je ne parvenais plus à les saisir avec le regard simplificateur de l'habitude. Tout se décomposait en fragments, et ces fragments à leur tour se fragmentaient, rien ne se laissait plus enfermer dans un concept. Les mots flottaient, isolés, autour de moi ; ils se figeaient, devenaient des yeux qui me fixaient et que je devais fixer en retour : des tourbillons, voilà ce qu'ils sont, y plonger mes regards me donne le vertige, et ils tournoient sans fin, et à travers eux on atteint le vide[1].

Je fis une tentative pour m'arracher à cet état en cherchant un refuge dans l'univers spirituel des Anciens. J'évitai Platon ; car je redoutais les dangers de ses envolées métaphoriques. Je pensais le plus souvent à Sénèque[2] et à Cicéron. Au contact de cet ensemble harmonieux d'idées limitées et bien ordonnées, j'espérais guérir. Or je ne parvins pas jusqu'à elles. Je les comprenais bien, ces idées : je voyais leurs rapports merveilleux surgir et jouer sous mes yeux comme de magnifiques fontaines jaillissantes jouent avec des balles d'or. Je pouvais en faire le tour et voir comment elles jouaient ensemble ; mais elles n'avaient de rapports qu'entre elles, et le fond de ma pensée, sa part la plus personnelle, demeurait exclu de leurs rondes. Je fus envahi, au milieu d'elles, par le sentiment d'une terrible solitude ; je me fis l'effet de quelqu'un qui serait enfermé dans un jardin empli rien que de statues dépourvues d'yeux ; je m'enfuis à nouveau en pleine campagne.

Depuis lors, je mène une existence que vous aurez du mal à concevoir, je le crains, tant elle se déroule hors de l'esprit, sans une pensée ; une existence qui certes diffère à peine de celle de mon voisin, de mes proches et de la plupart des gentilshommes campagnards de ce royaume, et qui n'est pas sans des instants de joie et d'enthousiasme. Il ne m'est pas aisé d'esquisser pour vous de quoi sont faits ces moments heureux ; les mots une fois de plus m'abandonnent. Car c'est quelque chose qui ne possède aucun nom et d'ailleurs ne peut guère en recevoir, cela qui s'annonce à moi dans ces instants, emplissant comme un vase n'importe quelle apparence de mon entourage quotidien d'un flot débordant de vie exaltée. Je ne peux attendre que vous me compreniez sans un exemple et il me faut implorer votre indulgence pour la puérilité de ces évocations. Un arrosoir, une herse à l'abandon dans un champ, un chien au soleil, un cimetière misérable, un infirme, une petite maison de paysans, tout cela peut devenir le réceptacle de mes révélations. Chacun de ces objets, et mille autres semblables dont un œil d'ordinaire se détourne avec une indifférence évidente, peut prendre pour moi soudain, en un moment qu'il n'est nullement en mon pouvoir de provoquer, un caractère sublime et si émouvant, que tous les mots, pour le traduire, me paraissent trop pauvres. Bien plus, à la représentation précise d'un objet absent peut échoir en partage ce destin incompréhensible d'être emplie jusqu'au bord du flux doux et brutal de ce sentiment divin. Ainsi, récemment, j'avais donné ordre de verser en abondance du poison pour les rats dans les caves à lait d'une de mes métairies. Vers le soir, je sortis à cheval sans plus songer, comme vous le présumez, à cette histoire. Alors, tandis que mon cheval avance au pas dans la haute terre d'un champ retourné et que je ne découvre rien de plus inquiétant à proximité de moi qu'une couvée de cailles apeurées et au loin, au-dessus de l'ondulation des labours, un grand soleil couchant, alors s'ouvre soudain au fond de moi cette cave emplie par l'agonie d'un peuple de rats. Tout était au-dedans de moi : l'air frais et lourd de la cave envahi par l'odeur douceâtre et forte du poison, et la stridence des cris heurtant les murs moisis ; cette confusion de spasmes impuissants, ces galops désespérés en tous sens ; la recherche forcenée des issues ; le regard de froide colère, quand deux bêtes se rencontrent devant une fissure bouchée. Mais à quoi bon mettre de nouveau à l'épreuve des mots que j'ai abjurés ! Vous vous souvenez, ami, avec quel art Tite-Live évoque les heures qui précédèrent la destruction d'Albe-la-Longue [1] ? Ces gens qui errent dans les rues qu'ils ne doivent plus revoir... qui prennent congé des pierres du sol. Je vous le dis, mon ami, voilà ce que je portais en moi, et en même temps Carthage en flammes tout entière ; mais c'était plus encore, c'était plus divin, plus bestial ; et c'était du présent, le présent le plus plein, le plus sublime. Il y avait là une mère qui sentait tressaillir autour d'elle ses petits mourant, et elle dirigeait ses regards, non sur ces êtres en train de succomber, non vers la pierre inexorable des murs, mais dans l'air vide, ou bien, à travers l'air, dans l'infini, et elle accompagnait ses regards d'un grincement ! — S'il s'est trouvé un esclave pour voir, saisi d'impuissante horreur, Niobé changée en pierre, celui-là a dû traverser ce que j'ai traversé quand en moi l'âme de cet animal montra les dents au destin monstrueux.

Pardonnez-moi cette description, mais n'allez point croire que c'était de la pitié qui m'emplissait. Voilà ce que vous ne devez point croire, ou bien j'aurais choisi très maladroitement mon exemple. C'était bien davantage et bien moins que de la pitié : une participation contre nature, une intrusion au-dedans de ces créatures, ou le sentiment qu'un fluide de vie et de mort, de rêve et de veille s'est écoulé en elles l'espace d'un instant — d'où venu ? Quel rapport y a-t-il, en effet, avec la pitié ; quel rapport avec un enchaînement d'idées humaines, naturelles, dans cette aventure d'un autre soir : je trouve sous un noyer un arrosoir à moitié plein qu'un jeune jardinier a oublié là, et cet arrosoir avec l'eau qui est dedans, obscurcie par l'ombre de l'arbre, avec un scarabée allant d'un bord à l'autre à la surface de cette eau sombre, cette conjoncture de données futiles m'expose à une telle présence de l'infini, me traversant de la racine des cheveux à la base des talons, que j'ai envie d'éclater en paroles dont je sais, les eussé-je trouvées, qu'elles auraient terrassé ces chérubins auxquels je ne crois pas ; je me détourne ensuite de ce lieu, en silence, puis, des semaines plus tard, apercevant ce noyer, passe près de lui avec un timide regard de côté pour ne pas effaroucher le sentiment laissé par le miracle qui souffle là, autour du tronc, ne pas chasser ces frissons autres que terrestres pesant encore dans le voisinage de ces broussailles. En de tels instants, une créature sans valeur, un chien, un rat, un insecte, un pommier rabougri, un chemin de terre tortueux escaladant la colline, un caillou couvert de mousse comptent pour moi davantage que n'a jamais fait l'amante la plus belle, la plus prodigue de la plus heureuse de mes nuits. Ces créatures muettes et parfois inanimées s'élancent vers moi avec un amour si entier, si présent, que mon regard comblé ne peut tomber alentour sur aucune surface morte. Tout, tout ce qui est, ce dont je me souviens, tout ce à quoi touchent mes pensées les plus confuses, me semble être quelque chose. Même ma propre pesanteur, l'engourdissement habituel de mon cerveau me semblent être quelque chose ; je sens un affrontement délicieux, tout simplement infini, en moi et autour de moi, et parmi les matières qui s'affrontent il n'en est aucune dans laquelle je ne puisse me glisser. J'ai alors l'impression que mon corps est constitué uniquement de caractères chiffrés avec quoi je peux tout ouvrir. Ou encore que nous pourrions entrer dans un rapport nouveau, mystérieux, avec toute l'existence, si nous nous mettions à penser avec le cœur. Mais quand cet étrange enchantement m'abandonne, je ne sais plus rien dire à son sujet ; je ne pourrais pas davantage alors expliquer au moyen de paroles raisonnables en quoi consistait cette harmonie qui nous traversait, le monde entier et moi, de son flottement suspendu, ni comment elle m'est devenue sensible, que je ne saurais donner l'indication exacte sur les mouvements internes de mes entrailles ou les stases de mon sang.

Indépendamment de ces hasards étranges, dont je ne sais guère d'ailleurs si je dois les attribuer à l'esprit ou au corps, je mène une existence d'un vide à peine croyable et j'ai du mal à cacher devant ma femme l'engourdissement de mon être, devant mes gens l'indifférence que m'inspirent les affaires de mes domaines. Seules cette éducation solide et stricte que je dois à mon défunt père et l'habitude précoce de ne laisser oisive aucune des heures de la journée font, me semble-t-il, que ma vie conserve au-dehors une tenue suffisante et l'aspect qui sied à ma classe et à ma personne.

Je fais reconstruire une aile de ma demeure et réussis à m'entretenir de temps à autre avec l'architecte sur la manière dont progressent ses travaux ; j'exploite mes terres, et mes fermiers ou employés doivent me trouver un peu plus taciturne qu'auparavant, mais pas moins bienveillant. Nul d'entre eux, debout devant sa porte et la casquette à la main, quand je passe à cheval, le soir, ne soupçonne que mon regard, qu'il a l'habitude de soutenir avec respect, parcourt avec une nostalgie muette les planches pourries sous lesquelles lui-même cherche d'ordinaire des vers pour la pêche ; que mon regard plonge par les fenêtres étroites, grillagées, dans la pièce sans air où le lit bas, aux draps de couleur, dans un coin semble toujours attendre quelqu'un qui veut mourir ou quelqu'un qui doit être enfanté ; que mon regard s'attarde longuement aux jeunes chiens affreux ou au chat qui se faufile avec souplesse entre les pots de fleurs, et qu'il cherche, parmi tous ces objets misérables et grossiers de la vie paysanne, celui, posé ou appuyé et n'attirant point l'œil, dont la forme insignifiante, dont la nature muette peut devenir la source de ce ravissement énigmatique, silencieux, sans limite. Car cet indicible sentiment de félicité naît d'un feu de berger lointain et solitaire plutôt que du spectacle d'un ciel constellé ; du chant de la dernière cigale menacée par la mort, quand déjà le vent d'automne chasse des nuages d'hiver au-dessus des champs dépouillés, plutôt que du grondement majestueux de l'orgue. Et je me compare quelquefois en pensée à Crassus, l'orateur, dont on rapporte qu'il était si démesurément épris d'une murène apprivoisée de son étang, poisson terne, muet, aux yeux rouges, que la rumeur publique s'en empara ; et un jour que Domitius en plein Sénat lui reprochait d'avoir versé des larmes sur la mort de ce poisson, voulant ainsi le faire passer pour demi-fou, Crassus lui fit cette réponse : « J'ai donc fait à la mort de mon poisson ce que vous n'avez fait à la mort d'aucune de vos deux épouses. »

Je ne sais combien de fois ce Crassus avec sa murène me vient à l'esprit, comme un double de moi-même dont l'image se projette par-dessus le précipice des siècles. Non pas à cause de cette réponse qu'il fit à Domitius. La réponse mit les rieurs de son côté, dénouant l'affaire par un trait d'esprit. Mais c'est le fait lui-même qui me touche de près, un fait qui serait resté le même si Domitius, sous l'effet d'une douleur sincère, avait pleuré des larmes de sang à cause de ses femmes. Il y aurait toujours en face de lui ce Crassus pleurant à cause de sa murène. Et cette figure dont le ridicule et la bassesse éclataient ainsi en plein milieu d'un Sénat maître du monde et délibérant des affaires les plus hautes, cette figure, quelque chose d'indéfinissable me force à penser à elle d'une manière qui m'apparaît parfaitement extravagante, au moment où je tente de formuler tout cela.

L'image de ce Crassus est parfois présente, la nuit, dans mon cerveau comme une écharde autour de laquelle tout suppure, bat et bout. J'ai l'impression alors d'entrer moi-même en fermentation, de rejeter des bulles, de bouillonner et de devenir phosphorescent. Et il y a dans tout cela une espèce de pensée fiévreuse, mais une pensée qui se sert de matériaux plus immédiats, plus fluides, plus ardents que les mots.

Ce sont également des vertiges, mais de ceux qui ne semblent pas, comme les vertiges du langage, conduire dans l'immensité sans fond, mais pour ainsi dire en moi-même et au sein le plus profond de la paix.

Je vous ai importuné plus qu'il n'est convenable, ami vénéré, en faisant étalage d'un état inexplicable qui reste d'ordinaire enclos en moi.

Vous avez été assez aimable pour exprimer votre déplaisir de n'avoir reçu aucun livre écrit de ma main, « afin de vous dédommager, puisque vous voici privé de ma fréquentation ». J'ai su en cet instant, avec une précision qui n'allait pas sans une sensation de douleur, qu'au cours de toutes les années que j'ai à vivre, celles qui vont venir bientôt et celles qui viendront ensuite, je n'écrirai aucun livre anglais ni latin : et ce, pour une unique raison, d'une bizarrerie si pénible pour moi que je laisse à l'esprit infiniment supérieur qu'est le vôtre le soin de la ranger à sa place dans ce domaine des phénomènes physiques et spirituels qui s'étale harmonieusement devant vous : parce que précisément la langue dans laquelle il me serait donné non seulement d'écrire mais encore de penser n'est ni la latine ni l'anglaise, non plus que l'italienne ou l'espagnole, mais une langue dont pas un seul mot ne m'est connu, une langue dans laquelle les choses muettes me parlent, et dans laquelle peut-être je me justifierai un jour dans ma tombe devant un juge inconnu.

Je voudrais qu'il me fût donné, dans les derniers mots de cette lettre, sans doute la dernière que j'adresserai à Francis Bacon, d'exprimer ensemble tout l'amour, toute la gratitude, l'admiration sans mesure que le plus grand bienfaiteur de mon âme, le premier Anglais de mon temps, inspire à mon cœur et lui inspirera jusqu'à ce que la mort le fasse éclater.

A. D. 1603, ce 22 du mois d'août.
PHI. CHANDOS

L'entretien sur des poèmes [1]

Traduction de Jean-Claude Schneider.

« Si l'on excepte ceux, peu nombreux, qui produisent eux-mêmes quelque chose en poésie, on ne trouvera pas aujourd'hui en Allemagne cinq personnes ayant une opinion sur ces fruits de l'âme les plus délicats. »

HEBBEL,
lettre du 27.IV.1838.

GABRIEL : Je t'ai posé ici sur le rebord de la fenêtre un volume de poèmes.

CLÉMENT : Keats ?

GABRIEL : Non, ce sont des poèmes allemands. Ils forment un tout, ils ont donc été mis dans un certain ordre. L'ensemble s'appelle *L'Année de l'âme*[1]. Là c'est l'automne. Ça commence par l'automne.

Sous leurs écailles d'or verdi, les guêpes
Se sont envolées des calices clos,
La barque trace une ample courbe autour
Des archipels aux frondaisons de bronze.

CLÉMENT : C'est l'automne. Mais lis un poème entier ou rien du tout.

GABRIEL : Es-tu prêt à entendre ?

Viens dans le jardin prétendu mort et regarde :
La lueur des lointains et souriants rivages,
De ces nuages purs le bleu inespéré,
Eclaircit les étangs, la couleur des sentiers.

Là, le jaune profond, prends-le, prends le gris tendre
Des bouleaux et des buis : tiède est le vent, tardives
Les roses ne sont pas complètement flétries,
Porte-les à ta lèvre et tresse la couronne.

Ces derniers asters non plus, ne les oublie pas ;
La pourpre autour des pampres de vigne sauvage
Et ce qui reste encore de viride vie,
Mêle-les simplement au visage automnal.

CLÉMENT : C'est beau. Ça respire l'automne. Encore qu'il soit osé de dire « De ces nuages purs le bleu inespéré », puisque ces baies de bleu, rappel de l'été et source de nostalgie, sont en fait *entre* les nuages. Mais bien sûr rien qu'à la lisière des nuages *purs.* Nulle part ailleurs dans les champs élimés et hérissés du ciel d'automne. Goethe aurait aimé ces « nuages purs ». Et « bleu inespéré » est irréprochable. C'est beau. Oui, c'est l'automne.

GABRIEL : Veux-tu encore davantage d'automne ?

Du portail où se rouillent sous leur fer les lys,
Des oiseaux vers une herbe invisible s'envolent
Et d'autres, transis, sur les pilastres s'abreuvent
De pluie aux vases que les fleurs ont désertés.

Davantage encore ?

Nous recherchons les bancs que l'ombre laisse libres —
Nous nous désaltérons au jour tendre qui dure,

Nous bénissons l'averse douce qui des cimes
Fait goutter sur nous les traces de la lumière,
Et ne pouvons que regarder, prêter l'oreille
Quand des fruits mûrs, par intervalle, heurtent la terre.

CLÉMENT : Je t'en prie : lis entièrement ou pas du tout.

GABRIEL : Veux-tu l'hiver ? Veux-tu l'été ? L'expectative aventureuse de l'été ? L'oppression de l'été ? Le matin d'été ? Le soir d'été ?

La colline où nous cheminons reste dans l'ombre
Tandis que l'autre, là, palpite de lumière,
La lune sur ses pâturages de vert tendre
N'est plus qu'un tout petit nuage blanc qui flotte.

Les routes qui font signe vers ailleurs blêmissent,
Un murmure en chemin retient les voyageurs :
Est-ce, venue des sommets, une eau invisible,
Est-ce un oiseau qui balbutie une berceuse ?

CLÉMENT :

La lune sur ses pâturages de vert tendre
N'est plus qu'un tout petit nuage blanc qui flotte...

Je vois un paysage de mon enfance. Il semble que ce soit un beau livre, cette « Année ». Pourquoi au juste : « Année de l'âme » ? J'aime les titres simples.

GABRIEL : Moi aussi, c'est pourquoi celui-ci me paraît si remarquable. Car voici un automne et davantage qu'un automne. Voici un hiver et davantage qu'un hiver. Ces saisons, ces paysages ne font que porter l'*Autre*.

Les sentiments, les pressentiments, tous les états les plus secrets et les plus profonds de notre être ne sont-ils pas de la manière la plus étrange entrelacés à un paysage, à une saison, à une qualité de l'air, à un souffle ? Certain geste que tu as pour sauter de voiture ; une nuit d'été sans étoile, étouffante ; l'odeur des pierres mouillées dans un vestibule[1] ; la sensation d'eau glacée sur tes mains qu'une fontaine éclabousse : c'est à quelques mille choses terrestres de ce genre que tout ce que tu possèdes en toi est lié, tous tes élans, tout ton désir, toutes tes ivresses. Plus que lié : ils ont grandi ensemble par les racines de leur vie à tel point que — si ton couteau les séparait de ce sol, ils se recroquevilleraient et s'anéantiraient entre tes mains. Nous n'avons pas, si nous voulons nous trouver, à plonger au-dedans de notre être : c'est dehors qu'on peut se trouver, dehors. Pareille à l'arc-en-ciel immatériel, notre âme est tendue par-dessus l'irrépressible éboulement de l'existence. Nous ne possédons pas notre Moi : il souffle sur nous du dehors, il nous fuit pour longtemps et revient à nous en une bouffée[2]. Notre « Moi » — sans doute ! Ce mot est une sorte de métaphore. Des émotions reviennent, qui ont déjà un jour ici fait leur nid. Mais est-ce que ce sont vraiment elles de nouveau ? N'est-ce pas plutôt simplement leur progéniture qu'un obscur sentiment du pays natal a ramenée jusqu'ici. Bref, quelque chose revient. Et quelque chose en nous rencontre autre chose. Nous ne sommes pas plus qu'un pigeonnier.

CLÉMENT : Il est étrange que le cours de tes idées t'ait conduit à cela. Un autre chemin m'y a mené, un chemin tout différent : comment ne pas croire qu'il y ait dans la nature humaine quelque entité. Il est terrible de songer au poids des événements extérieurs[1] : il doit être infiniment difficile d'écrire un drame, infiniment dur de juger un meurtrier.

GABRIEL : Mais quelle merveille que cette disposition de notre existence vienne au-devant de la poésie : car celle-ci peut désormais, au lieu de l'étroite chambre de notre cœur, habiter toute l'inépuisable immensité de la nature. Elle peut, comme Ariel, dresser sa tente sur les collines de nuages héroïques aux reflets pourpres et faire son nid dans les cimes frémissantes des arbres ; elle peut se laisser glisser au vent voluptueux de la nuit et se dissoudre dans une nappe de brouillard, dans l'haleine humide d'une grotte, dans la lumière scintillante d'une unique étoile. Et de toutes ses métamorphoses, de toutes ses aventures, de tous les abîmes et de tous les jardins, elle ne rapportera rien d'autre que le souffle tremblant des sentiments humains. Chasse-la vers les hauteurs, elle qui comme Ariel peut se passer de dormir, loin de la terre sourde et ivre de sommeil, là où dans le ciel limpide s'allume, audacieux et fidèle, un astre unique, un veilleur sacré, toujours à la même place, au-dessus de cet abîme de lumière tremblante à l'ouest, qui continue de tressaillir après le passage du soleil : fais qu'elle aspire en elle ce spectacle à la portée des esprits, à une altitude qu'aucun aigle dans ses cercles ne peut gravir — et lorsqu'elle en redescendra vers toi, toute chancelante, elle sera chargée d'un sentiment énorme, mais humain. Car si son être est borné, son vol ne connaît pas de frontière : comment pourrait-elle, de quelque gouffre des mondes, rapporter autre chose que des sentiments humains, puisqu'elle n'est elle-même rien d'autre que la langue des humains !

CLÉMENT : Pourtant elle n'est pas, la poésie, entièrement langue. Elle est peut-être une langue élevée à une puissance supérieure. Elle est pleine d'images et de symboles. Elle remplace une chose par l'autre.

GABRIEL : Quelle vilaine pensée ! Dis-tu cela sérieusement ? Jamais la poésie ne remplace une chose par une autre, car la poésie justement aspire avec fièvre à mettre en place la chose elle-même, avec une tout autre énergie que le langage émoussé de tous les jours, avec un tout autre pouvoir magique que la terminologie souffreteuse de la science. Si la poésie peut quelque chose, c'est ceci : dans chaque figure du monde et du rêve, sucer avec une soif avide ce qu'elle contient de plus personnel, de plus essentiel, ainsi que, dans les contes, les feux follets partout flairent l'or. Et elle le fait pour la même raison : parce qu'elle se nourrit de la moelle des choses, parce qu'elle s'éteindrait misérablement si elle ne puisait pas dans toutes les articulations, dans toutes les fissures, cet or nourricier.

CLÉMENT : Il n'y a donc pas de comparaisons ? Il n'y a pas de symboles ?

GABRIEL : Oh, bien au contraire, il n'y a que cela, rien d'autre. Mais je t'ennuie, je crois, nous allons parler d'autre chose. Nous pourrions sortir, veux-tu ? Comme tu voudras. Voilà encore un beau poème, parmi ceux de « l'été ».

Te souviens-tu encor de la belle prestance
De qui cueillait sans peur les roses des ravins ?
Qui, oublieux du jour à force de chasser,
Dérobait aux ombelles leur suc savoureux.

Qui venait vers le parc pour trouver le repos
Si l'égarait au loin la diaprure des ailes,
Qui, tout pensif, à la lisière de l'étang,
Prêtait l'oreille au mystère des profondeurs.

Et quittant l'île aux pierres couronnées de mousse
Le cygne renonçait aux jeux de la cascade
Et s'en venait poser dans cette main d'enfant
Et fine et caressante un cou svelte et gracile.

CLÉMENT : Oui, c'est beau. C'est le cercle magique de l'enfance, qu'absorbe le miroir pur et profond du désir inassouvissable. Comme c'est pur ! Cela flotte ainsi qu'un petit nuage léger loin au-dessus d'une montagne. Comme c'est pur ! Cela exprime un état sans limites avec une telle simplicité.

GABRIEL : C'est ce que font tous les poèmes, du moins tous les bons. Tous expriment un état de l'âme. C'est ce qui justifie leur existence. Tout le reste, ils doivent le laisser à d'autres formes : au drame, au récit. Seules celles-ci peuvent créer des situations. Seules celles-ci sont à même de montrer le jeu des sentiments.

CLÉMENT : Je veux dire : ce poème exprime un état avec une simplicité si grande. Il ne recourt à aucun symbole. Je me souviens d'un autre que tu aimais bien autrefois. On y voyait deux cygnes. N'est-ce pas de Hebbel[1] ?

GABRIEL : C'est de Hebbel. C'est celui-ci :

Par de sombres flots
Au loin déportés,
Deux cygnes de lumière : ils vont glissant ;
Les vents : ils soulèvent

Sans hâte les vagues ;
Les brouillards : ils tombent, sombres, pesants.

Les cygnes : l'un l'autre
Ils se fuient, s'ignorent,
Déjà ne le font plus : et ils ne peuvent
Réprimer l'ardeur,
Ils veulent jouir,
Voilés de brouillards, balancés par l'onde.

Frottements, caresses,
Ils narguent la fougue
De la vague, leurs corps ne sont plus qu'un :
Comme elle, ils se cabrent,
Ils délirent, rêvent,
Noyés, jusqu'à mourir, d'amour, d'ivresse.

Après l'union tendre
Douce lassitude.
Le flot les sépare avant qu'ils n'y songent.
Reposez vos ailes !
Et pas de revoir,
Le jour est fini, et tombe la nuit.

Cher ami, ce poème lui aussi exprime un état et rien d'autre, un état profond de l'âme, plein de volupté craintive, de désespérante détermination.

CLÉMENT : Et ces cygnes ? Ils sont bien un symbole ? Ils signifient...

GABRIEL : Laisse-moi t'interrompre. Oui, ils signifient, mais ne formule pas ce qu'ils signifient : tout ce que tu pourrais dire serait impropre. Ils ne signifient là qu'eux-mêmes : des cygnes. Des cygnes, mais vus par les yeux de la poésie, elle qui voit chaque fois chaque chose pour la première fois, qui dispose autour de toute chose tous les enchantements liés à son existence : donc autour de celle dont il est ici question, la majesté de ses vols royaux ; la solitude muette de son corps éblouissant de blancheur, décrivant ses cercles, avec désespoir, avec dédain, sur l'eau noire ; la merveilleuse fable de son heure mortelle... Vus par ces yeux-là, les animaux sont les vrais hiéroglyphes, ils sont les chiffres vivants et mystérieux au moyen desquels Dieu a écrit dans le monde des choses indicibles. Heureux le poète de pouvoir lui aussi tisser ces chiffres divins dans son écriture...

CLÉMENT : Et pourtant j'ai cru t'entendre dire que la poésie ne remplaçait jamais un objet par un autre.

GABRIEL : Elle ne le fait jamais. Si elle le faisait, il nous faudrait la piétiner comme un vilain feu follet qui se consume doucement. Quel serait alors son rôle à côté de la langue commune ? Créer la confusion ? Suspendre des fleurs de papier dans un arbre vivant ?

CLÉMENT : Et ces cygnes ? et tous les chiffres dont tu parles ?

GABRIEL : Ce sont des caractères que la langue est impuissante à déchiffrer. Me comprends-tu ? Ce jardin automnal, ces cygnes environnés de nuit — tu ne trouveras pas de paroles, ni celles de la pensée ni celles du sentiment, dans lesquelles l'âme de ces émotions, celles-là justement, pourrait se décharger, et dont une image ici les délivre. Comme j'aimerais souscrire à ton mot de « symbole », s'il n'était devenu insipide au point de m'écœurer. Il faudrait avoir un entretien de ce genre avec des enfants, avec des religieux ou des poètes. Pour l'enfant tout est symbole, pour le religieux le symbole est l'unique réalité, et le poète n'aperçoit rien d'autre.

CLÉMENT : Tu dévies : — les symboles de la foi ? Nous parlions de poèmes.

GABRIEL : C'est de cela que je parle. Mais j'aimerais d'abord débarrasser de sa croûte d'argile un mot forgé par l'esprit le plus profond de la langue. Sais-tu ce qu'est un symbole ? Veux-tu essayer de te représenter comment le sacrifice a pu naître ? Il me semble que nous en avons déjà parlé un jour, autrefois. Je songe à la victime expiatoire, au sang et à la vie sacrifiés d'un bovin, d'un bélier, d'une colombe. Comment a-t-on pu penser apaiser ainsi la colère des dieux ? Il faut une sensualité merveilleuse pour penser cela, une sensualité orphique, tourmentée, ivre de vie. J'ai l'impression de voir le premier homme qui a célébré un sacrifice. Il sentait que les dieux le haïssaient : qu'ils déversaient dans son champ labouré les remous du torrent et les éboulis des montagnes ; qu'ils voulaient, avec le terrible silence de la forêt, broyer son cœur ; ou bien il sentait que l'âme avide d'un mort entrait, la nuit, avec le vent et se posait, assoiffée de sang, sur sa poitrine. Alors, dans la double obscurité de sa hutte basse et de son cœur affolé, il s'est emparé du couteau à lame courbe et tranchante et s'apprêtait déjà à verser le sang de sa gorge pour assouvir ce terrible visiteur invisible. Puis, dans les transes de la peur et de la sauvagerie et de la proximité de la mort, sa main a fouillé encore un coup, à demi inconsciente, la chaude toison de laine du bélier. — Et cette bête, cette vie, là, chaude de son sang, respirant dans l'ombre, si proche de lui, si familière — brusquement, dans la gorge de l'animal, le couteau a frémi et le sang chaud ruisselé à la fois sur la toison de l'animal et sur la poitrine, sur les bras de l'homme : et un instant il a pu croire que c'était son propre sang ; un instant, tandis qu'un son de triomphe sensuel sorti de sa gorge se mêlait à la plainte expirante de la bête, il a dû prendre la volupté de sentir son existence accrue pour les premières convulsions de la mort : il a dû, un instant, être mort dans l'animal, c'est seulement ainsi que l'animal put mourir à sa place. Que l'animal puisse mourir à sa place devint un grand mystère, une grande vérité énigmatique. La bête, dorénavant, mourut de la mort symbolique et sacrificielle. Mais tout reposait sur le fait qu'il était lui aussi mort dans l'animal, un instant. Que son existence, pour la durée d'une respiration, s'était dissoute dans l'existence étrangère[1]. — Telle est la racine de toute poésie : combien transparente dans les grandes choses : quoi de plus clair en effet que ma sensibilité allant se dissoudre en Hamlet, aussi longtemps qu'Hamlet reste en scène et m'hypnotise ? Mais combien transparente aussi dans les petites choses : est-ce que, la durée d'un éclair de pensée, le plumage de ces cygnes ne me contient pas aussi bien que la peau d'Hamlet ? Mais le croire vraiment, croire qu'il en est vraiment ainsi ! Cette magie est terriblement proche de nous : c'est pour cela, uniquement, qu'il est si difficile de la reconnaître. La nature n'a pas d'autre moyen que ce sortilège pour nous saisir, pour s'emparer de nous. Il est la quintessence des symboles qui nous subjuguent. Il est ce qu'est notre corps, et notre corps est ce qu'il est. Voilà pourquoi le symbole est l'élément où se meut la poésie, et voilà pourquoi la poésie ne remplace jamais une chose par une autre : elle prononce des paroles pour le plaisir des paroles, voilà sa magie. Pour le plaisir d'exercer cette force envoûtante que possèdent les paroles d'émouvoir notre corps et de nous métamorphoser perpétuellement.

CLÉMENT : J'ai perdu de vue ce que tu avais en tête avec cet homme qui, au lieu du sien, versait le sang de l'animal ?

GABRIEL : Il a accompli un acte symbolique. Il est mort dans l'animal, Clément, parce que, un instant, il s'était dissous dans cette existence étrangère, parce que son sang, un instant, avait réellement jailli de la gorge de l'animal. —

CLÉMENT : Tu as dit « réellement », Gabriel ?

Un silence

CLÉMENT : Il est mort dans l'animal. Et nous nous dissolvons dans les symboles. C'est ce que tu veux dire ?

GABRIEL : Assurément. Dans la mesure où ils ont la force de nous ensorceler.

CLÉMENT : D'où leur vient cette force ? Comment a-t-il pu mourir dans l'animal ?

GABRIEL : Parce que le monde et nous ne sommes nullement différents.

CLÉMENT : Il y a quelque chose d'insolite dans cette pensée, quelque chose d'inquiétant.

GABRIEL : Quelque chose, au contraire, d'infiniment paisible. L'unique douceur, c'est de se voir perdre une part de sa pesanteur, ne serait-ce que pendant l'intervalle mystique d'un souffle. Dans notre corps le Tout est compressé, émoussé : quel délice de s'alléger de mille fois ce fardeau terrible.

CLÉMENT : Pourtant il me semble qu'il doit y avoir des poèmes qui sont beaux sans ce sortilège oppressant. Il y a des chants de Goethe aussi légers qu'une haleine et aussi simples qu'une mélodie de Mozart. Il y a des poèmes antiques qui sont comme une sombre feuille de vigne contre le ciel bleu du soir. Cette anthologie en est pleine. Tu la connais mieux que moi.

GABRIEL : Je la connais : le jardinier Lamon offre à Priape les plus beaux fruits : dans le panier d'écorce il dispose de belles feuilles dentelées et sur elles la grenade, déjà entrouverte, dont la chair pourpre, humide, frémissante, enveloppe les mille pépins suaves : il place à côté les figues ridées et le raisin aux reflets rougeâtres, au parfum de fraise, et les coings duveteux, la noix mûrissante qui fait déjà éclater sa gangue verte, et les concombres gonflés de sève : il dépose cela sur l'autel du dieu en guise de prière pour sa propre vie et pour la santé de ses arbres. Et Niko, la magicienne, sacrifie à Kypris la toupie d'améthyste entourée de fils de laine pourpre, la toupie à la vertu magique, à l'aide de laquelle elle séduit les hommes par-delà les mers, attire les filles hors de leur chambre. Une fille dresse une stèle à la cigale morte qui a, deux années durant, habité dans sa chambre à coucher. Des pêcheurs ramènent le lourd filet et y trouvent un homme avalé par la mer, à moitié dévoré par les poissons. Et ils l'ensevelissent, et les poissons avec lui, sous le sable peu abondant du rivage rocheux ; afin que la terre le reprenne en entier, ils ensevelissent avec lui les poissons qui l'ont rongé, se sont nourris de lui. Une grappe gonflée repose sur l'autel d'Aphrodite, offrande de gratitude pour une douce nuit accordée avec indulgence, repose là, livrée à la divinité, nue, seule, et sa mère n'étale plus autour d'elle ses aimables vrilles, n'étend plus sur son jeune corps nu l'ombre de ses feuilles doucement odorantes et pleines d'une tiède et secrète obscurité.

CLÉMENT : Et ceux qui sont au pressoir ! et ceux qui aiment ! ne sais-tu aucun de ces poèmes par cœur ?

GABRIEL : Ceux qui sont au pressoir se sentent pareils aux dieux. Ils s'imaginent avoir Bacchus avec eux pour l'œuvre nocturne. Comme s'il foulait les grappes à leurs côtés, la longue tunique retroussée au-dessus du genou, les pieds dans le jus rouge dont les seuls effluves déjà rendent ivre. Ils sont à la fois des baigneurs et des danseurs : et c'est l'ivresse de leur danse qui fait monter sans cesse le niveau de leur bain. Le moût coule à flots du pressoir ; semblables à de petites embarcations, les gobelets en bois se balancent dans le liquide pourpre. Alors la belle Rhodanta se courbe vers le pressoir et voici que sa tunique de lin blanc est trempée, voici que ses seins et ses hanches ruissellent :

Et le cœur de chacun s'exaltait, et personne
A Bacchus ou Aphrodite ne résistait.

Dans les vapeurs ténébreuses, au milieu des cris, à la lueur chancelante des torches, tandis que les grappes éclaboussaient tout de leur sang, c'est alors qu'Aphrodite est née tout à coup de l'écume pourpre : Bacchus s'est dressé dans la cuve, avec la sauvagerie d'une vague bondissante, et a trempé à ce point une tunique qu'elle s'est mise à couler comme une nudité lumineuse, faisant de la fille une déesse au corps baigné de désir et de ravissement.

CLÉMENT : Et ces délicieux poèmes impudiques ? Celui où ils échangent leurs vêtements et s'enlacent à nouveau, plus étroitement ? Et l'autre où leurs corps enchevêtrés défient les dieux, où ils aspirent à s'étreindre en appelant sur eux le filet d'Héphaïstos et autour d'eux les dieux et les hommes pour qu'ils les voient et les envient ? Ne sont-ils pas tous beaux, ces poèmes, simples et beaux comme les beaux coquillages à bouche vermeille ? Ne sont-ils pas aussi beaux que de belles écuelles, à peine creusées, d'onyx et de jade ? Aussi beaux qu'un bassin de cuivre repoussé, empli jusqu'au bord d'eau limpide ? Que le pont de pierre qui d'une seule arche enjambe le torrent ? Que le joug voûté des taureaux aux labours ? Et Goethe ne les a-t-il pas aimés comme rien d'autre au monde ? N'a-t-il pas, les découvrant, connu la joie suprême, comme le voyageur qui descend la pente de la montagne et trouve entre mousse et pierraille, refuge des lézards, une merveilleuse œuvre de marbre, les débris lumineux d'une effigie divine, main fine qui ordonne, ou épaule étincelante sous le nœud de la tunique ? N'a-t-il pas dès lors dédaigné les accents de sa jeunesse et confié tout son souffle à cette flûte de Pan ? Est-ce que, dès lors, la nef d'Ulysse et la baie aux courbes de lyre, est-ce que la corbeille de fruits, la couronne de fleurs, la margelle du puits, le lit sur lequel Tibulle soupirait après son amante, est-ce que l'enclos et le grenier de Virgile, et les pâturages idylliques de Bion, est-ce que toutes ces œuvres nées d'une forme, tous ces objets façonnés par la main des dieux et qui, tel le métal modelé par le marteau d'Héphaïstos, ornent le bouclier circulaire et scintillant de la terre, ne sont pas devenus la patrie de son âme ? Ne se sent-il pas davantage apparenté au sculpteur qu'à l'orateur ? Qui a-t-il autant loué que celui dont les doigts d'artiste ont créé la parure de gorge de la Diane d'Ephèse ? Puiser hardiment dans l'Euphrate, en serrer les flots entre ses mains, c'était pour lui être poète. Ne se moquait-il pas de ceux qui vagabondent ? De ceux qui éternellement se languissent ? Ou à qui ne réussit qu'une incessante soif d'avoir soif ? La nature n'était-elle pas pour lui l'éternelle créatrice de formes ? Est-ce que toutes les forces, tous les démons, voire les douleurs, n'étaient pas pour lui créateurs de formes ? Réponds-moi, Gabriel, la pensée cernée dans une forme n'est-elle pas belle ? N'a-t-elle pas en elle, décuplé, l'éclat de la vie, ainsi que les perles captent en elles l'humide luisance de la main nue et la réfléchissent dix fois plus intense ?

GABRIEL : Oui, la pensée est une belle chose et c'est très juste que tu la compares à la perle et à la pierre précieuse. C'est à elles qu'elle ressemble, elles qui dépassent en beauté tout ce qui vit et s'épanouit, parce qu'elles sont au-delà de la vie et de la floraison et de la mort. Et pour un monde jeune, frappé de cécité, la pensée est la merveille des merveilles. Ce qu'est, pour l'homme de la mer, un oiseau dans les airs, ou pour celui qui fait le troisième quart de la nuit et se tient adossé, seul, enveloppé dans son manteau : silence de mort sur la mer lourde et sombre, et plus haut ce n'est ni le jour ni la nuit ; au-dessus des îles grises, dénudées, des bancs de nuages sont suspendus, immobiles comme s'ils étaient là depuis des milliers d'années, îles de l'air ; le pont, les vergues s'enduisent d'une lumière bleue, vaporeuse, qui coule à leur surface et s'infiltre dans l'atmosphère ; insupportables sont l'attente sans parole, le mutisme de ce monde sans lumière, sans ombre : ce qu'est ici le vol d'un merveilleux oiseau de mer qui fait voile, approche, haut, à l'est, battant royalement l'air de ses ailes et brillant au premier reflet du jour en train de naître : voilà ce qu'est pour un monde engourdi, précoce, la pensée. Nous avons, nous, plus de pensées que l'infini rivage marin n'a de coquillages. Ce qui nous fait défaut, c'est le souffle.

Ce dont notre âme se nourrit, c'est le poème dans lequel, ainsi que dans le vent d'un soir d'été qui caresse les prairies fraîchement fauchées, flotte vers nous une haleine de vie et de mort en même temps, le pressentiment d'une floraison, le frisson d'un pourrissement, un maintenant, un ici et cependant un au-delà, un au-delà énorme. Tout poème achevé est à la fois pressentiment et présence, aspiration et accomplissement. Un corps de sylphide, voilà ce qu'il est, transparent comme l'air, un messager sans sommeil, qu'emplit tout entier une parole magique ; qu'une mission mystérieuse pousse à travers les airs : et tout en flottant, il subtilise aux nuages, aux astres, aux cimes, aux brises, la respiration la plus profonde de leur être, et la parole magique issue de sa bouche résonne, fidèle et pourtant confuse, entremêlée avec les secrets des nuages, des astres, des cimes, des brises. Et Goethe ? Ses actes sont multiples comme ceux d'un dieu itinérant. Il ressemble à Héraklès dont les aventures, chacune nimbée de gloire, chacune habitant un autre paysage, ignorent tout l'une de l'autre. Les chants de sa jeunesse ne sont rien qu'un souffle. Chacun d'eux est l'esprit d'un instant, délivré, qui s'est hissé jusqu'au zénith, où il demeure, rayonnant, aspire en lui, toute pure, la félicité de l'instant et se dissout en l'exhalant dans l'éther limpide. Et les poèmes de sa vieillesse sont parfois pareils aux puits profonds et sombres sur le miroir desquels des visions défilent, imperceptibles pour l'œil qui regarde fixement vers le haut, visibles pour nul autre au monde que celui qui se penche sur l'eau profonde et noire d'une longue vie. Crois-tu vraiment qu'il a toujours et toujours élevé vers la lumière du soleil la pensée cernée dans une forme, comme un calice de sardoine et de chrysoprase ? Ecoute :

A nul ne le dis, sauf aux sages,
Car la foule aussitôt se raille,
Je veux célébrer le vivant
Qui brigue la mort dans les flammes.

Dans la fraîcheur des nuits d'amour
Où tu reçus, donnas la vie,
T'assaille un émoi inconnu
Quand brûle avec calme la cire.

Tu ne restes plus enfermé
Dans les ombres de la ténèbre
Et un désir nouveau t'attire
Vers un accouplement plus pur.

Nulle distance ne t'arrête,
Ton vol te porte, fasciné,
Enfin, dans ta soif de lumière,
Là, papillon, tu te consumes.

Et tant que tu ne l'as pas eu,
Ce destin : meurs et puis deviens !
Tu n'es qu'un triste passager
Sur notre terre ténébreuse [1].

Entends-tu ce ton, comme celui d'un oiseau de nuit envoûté qui chante dans la chambre où quelqu'un meurt ? On dit qu'il l'a écrit la nuit où Christiane

Vulpius est morte. Ce que l'âme a vraiment vécu, quels mots voudraient l'exprimer sinon ceux prononcés sous envoûtement ! Un instant survient, qui exprime le suc de mille et mille instants semblables, il pénètre dans la caverne du passé et, des milliers d'instants sombres, figés, qui le composent, toute leur lumière jaillit : ce qui n'a jamais été là, ne s'est jamais donné, maintenant est là, maintenant se donne, est le présent, davantage que le présent ; ce qui jamais n'a été réuni, maintenant cohabite, est ensemble, fond l'un dans l'autre l'ardeur, l'éclat et la vie. Les paysages de l'âme sont plus merveilleux que les paysages du ciel étoilé : non seulement leurs Voies Lactées sont des milliers d'étoiles, mais leurs gouffres d'ombre, leurs obscurités sont une vie multipliée par mille, une vie dont la cohue a terni la lumière, que la profusion a étouffée. Et ces gouffres dans lesquels la vie s'engloutit elle-même, un instant peut les illuminer, les délivrer, en faire des Voies Lactées. Avec ces instants naissent des poèmes achevés, et la probabilité de poèmes achevés à naître est aussi illimitée que celle de ces instants. Comme il y en a peu, cependant, Clément, vraiment peu. Mais qu'il en puisse naître quelques-uns, n'est-ce pas comme un miracle ? Qu'il y ait des assemblages de mots d'où jaillissent, ainsi que de la sombre pierre qu'on frappe une étincelle, les paysages de l'âme, aussi immenses que le ciel étoilé, des paysages qui se prolongent dans l'espace et dans le temps, tandis qu'en nous s'éveille un sens au-delà de tous les sens, grâce auquel nous pouvons nous repaître de leur vue. Et ces poèmes-là, néanmoins, voient le jour...

Le poète et l'époque présente [1]

Conférence

Traduction d'Albert Kohn.

On vous a annoncé que je vais vous parler du poète et de l'époque présente, de l'existence du poète ou de l'élément poétique à l'époque qui est la nôtre. Un certain nombre d'annonces, à ce que j'entends, formulent le sujet encore plus sérieusement en parlant du problème de l'existence de la poésie dans le temps présent. Les termes de métier frôlent déjà le domaine technique du philosophe et me contraignent de prime abord à détruire toute attente orientée dans cette direction. Autrement, au cours de cette heure, je devrais cruellement la décevoir. Il me manque complètement les moyens tout autant que l'intention de faire, d'une façon quelconque, de la philosophie de l'art. Je n'entreprendrai pas d'enrichir le trésor de vos idées encore d'une idée, serait-ce d'une idée nouvelle. Et tout aussi peu j'essayerai d'exercer ma critique contre l'une des idées solidement établie, sur lesquelles peut reposer votre représentation de ces choses esthétiques, au cas où elle repose sur des idées et non pas, comme je l'espère secrètement et catégoriquement, sur un mélange chaotique d'expériences intérieures confuses, complexes et incommensurables... En aucun cas, dis-je, je ne tenterai d'exercer une critique contre l'une de vos idées. Déplacer ces murailles d'une façon quelconque, telle n'est pas mon ambition. Mon ambition est seulement d'en ressurgir en des points aussi variés que possible et le plus possible inattendus et ainsi de vous étonner d'une façon qui n'est pas désagréable. Je veux simplement dire : je serais heureux si je réussissais à vous faire sentir que ce sujet n'a pas seulement à cette heure-ci, dans l'atmosphère de cette assemblée et dans cette lumière artificielle, une existence artificielle, mesurée en minutes, mais qu'il s'agit d'un élément de votre être spirituel qui est là, non comme élément conscient, mais senti, vécu — qui est là dans des milliers de moments de votre existence et dont l'effet rayonne autour de lui.

Sur l'idée de présent, nous sommes dispensés de nous accorder d'aucune façon. Vous comme moi, nous sommes citoyens de ce temps, vos myriades de vibrations qui se croisent, forment l'atmosphère dans laquelle je vous parle et vous m'entendez et d'où, inversement, nous sortons en quittant cette salle. Oui, il régit encore nos rêves et leur donne leur mélange de couleurs et c'est seulement dans le sommeil profond, léthargique, que nous pensons être où il n'est pas. L'idée du poète, vous me la présentez, je le sais, comme une idée qui repose en vous à l'abri des attaques et qui a un contenu abondant. Il vibre en elle quelque chose de l'interprétation que lui ont donnée au début du siècle dernier les poètes allemands (que l'on ne devrait pas constamment appeler « les Romantiques », d'un terme insuffisant et en train de s'émousser). Mais l'autorité que possède sur votre âme l'immense idée que vous avez de Goethe projette les limites du concept de poète dans un horizon lointain qu'on n'aperçoit plus guère. Il y a quelque chose de l'apparition pathétique de Hölderlin parmi les éléments qui, oscillant en vous, composent cette chose spirituelle : « le poète » et quelque chose de l'allure inoubliable de Byron, quelque chose de l'inventeur anonyme d'une vieille chanson populaire allemande et quelque chose de Pindare. Vous pensez : « Shakespeare » et, à côté tout le reste s'est éteint pour un instant intérieur mais l'instant suivant rétablit cette chose oscillante et infiniment complexe du monde spirituel, et vous pensez sans faire de distinction à un quelque chose, amalgame de Dante, de Lenau et de l'auteur d'une histoire touchante que vous avez lue à quatorze ans.

C'est à ce tissu fait d'images laissées dans votre souvenir par les expériences vécues les plus subtiles, à ce tissu qui est en vous, à cet écheveau pas encore démêlé, que je fais appel et à aucune idée élucidée, aucune formule abstraite. Cette chose en vous est vivante et, durant cette heure, j'aimerais rester lié à la chose vivante. A cette idée vivante je ne pense rien ajouter et, encore moins, je pense la restreindre. Moi-même je la porte en moi aussi peu démêlée que je la suppose en vous. Ce que je saurais le moins, c'est lui donner *a priori* une limite vers le bas et même cette séparation rigoureusement précise entre le poète et le non-poète ne m'apparaît pas possible. Je serais contraint de me dire que les productions de personnes qu'on ne peut guère appeler poètes ne sont maintes fois pas dépourvues de poésie et, inversement, il me semble parfois que ce qu'ont créé des poètes indiscutables d'un très haut rang, n'est pas exempt d'éléments dépourvus de poésie. Il m'apparaît que, dans ces choses, une conception sans libéralisme n'est pas possible et qu'elle est assez proche du ridicule. Je me demande si Boileau, s'il avait pu connaître l'homme qui créa Manon Lescaut, et même si Lessing, qui était son contemporain, lui eussent concédé le nom de poète et je vois combien sont insignifiantes, combien sont insoutenables ces distinctions que le goût du temps, joint à l'orgueil personnel des producteurs, établit entre le poète et le simple écrivain. Et cependant, à d'autres instants et dans un autre contexte, il m'est apparu tout à fait clairement que ce jugement, rigoureux entre tous, prononcé par Goethe est vrai, qu'une œuvre d'art imparfaite n'est rien et que, dans une acception plus élevée, seules les œuvres d'art parfaites, rares productions du génie, ont une existence. Vous allez vous demander comment ce jugement-ci et cette tolérance-là peuvent habiter côte à côte, mais pourtant elles le peuvent. Il y a des intuitions qui jouent le rôle de médiateurs et il est seulement nécessaire d'avoir une certaine maturité pour les réunir en soi. Quant à moi, j'aurai seulement besoin dans notre entretien de me servir de cette tolérance, de cette absence de délimitation. Je n'aurai pas besoin ici d'aborder la question suivante : ne tiendrais-je pas une unique personne de cette époque pour un poète accompli et les autres seulement pour des possibilités de poètes, des individus qui ont des dispositions poétiques, de la matière dont on fait des poètes ? Car ce qui m'importe seulement, c'est l'existence d'une nature de poète à notre époque.

Je crois ou plutôt je sais, que le poète ou, en prenant le mot dans un sens généreux, le pouvoir poétique, existe à cette époque, comme il a existé à toutes les autres. Et je sais que vous comptez sans relâche avec ce pouvoir et ses effets, peut-être sans en convenir. Voici le mystère, l'un des mystères dont se compose la structure de notre temps : qu'en lui tout est là en même temps, sans être là. Il est plein de choses qui semblent vivantes et qui sont mortes et plein de celles qui passent pour mortes et sont extrêmement vivantes. De ses phénomènes, presque toujours ceux qui, selon l'opinion générale, seraient en cause me paraissent ne pas l'être et ceux qu'on renie me paraissent extrêmement présents et efficaces. Ce temps est plein, jusqu'à en être malade, de possibilités irréalisées, tout en étant bourré de choses qui semblent exister seulement pour la vie qu'elles recèlent et qui, pourtant, ne portent pas de vie en elles. L'essence de cette époque, c'est que rien qui ait une autorité réelle sur les hommes ne s'exprime métaphoriquement vers l'extérieur mais qu'au contraire tout est intériorisé alors que, par exemple, le temps que nous appelons : le Moyen Age, dont les ruines et les fantômes se dressent au milieu du nôtre, tirait de lui-même et faisait monter dans l'espace ce qu'il portait en lui, façonné en une immense cathédrale de métaphores.

Si autrefois c'étaient les prêtres, les gens qualifiés, les élus, qui étaient les gardiens de telle coutume, de telle connaissance, tout cela repose maintenant en puissance chez tout le monde. Nous pourrions projeter maintes choses dans la vie, dans la mesure où nous parviendrions à la pleine connaissance de nous-mêmes... nous pourrions savoir, nous pourrions faire telle ou telle chose. Aucun des mystères d'Eleusis ni les Sept Sacrements ne nous aideront à monter. C'est en nous-même que nous devons nous élever à un niveau supérieur, là où il ne nous est plus possible de faire et même de savoir telle ou telle chose mais où, en revanche, telle ou telle chose est visible, rattachable aux autres, possible et même palpable, qui est cachée à tous les autres. Cela se fait sans bruit et comme entre les choses. A notre époque, les choses représentatives manquent d'esprit et les choses de l'esprit manquent de relief.

Dans la mesure où le mot poète, l'apparition du poète dans l'atmosphère de notre temps prend quelque relief, ce n'est pas un relief agréable. On sent alors quelque chose de gonflé, de boursouflé, quelque chose qui est porté davantage par des sentiments qui viennent de la culture que par quelque intuition. On souhaite ramener cette notion dans la vie, de la « déflegmatiser », de la « vivifier », selon les deux belles expressions techniques de Novalis. Quel usage vivant et aimable une époque plus ancienne (je pense aux jeunes hommes et aux jeunes femmes de 1770) ne faisait-elle pas en Allemagne du mot « génie », par lequel elle voulait désigner la même chose : une nature de poète ! Car, en l'employant, ils ne pensaient nullement au génie de l'action et jamais, au grand jamais, ils n'eussent appliqué leur terme favori à celui qui était digne avant tout de le porter, dans sa signification la plus étincelante et la plus inquiétante : Frédéric le Grand. Quel usage très vivant et imposant l'Anglais fait-il aujourd'hui et depuis six générations de son « man of genius » ! Il ne le limite pas à ses poètes. Et cependant, à tous ceux pour lesquels il l'emploie s'attache quelque chose de poétique, à eux ou à leurs destins. Il n'a pas de scrupules à l'appliquer aussi à un homme qui n'est pas d'une universalité intellectuelle rare entre toutes. Mais ce doit être une figure d'où jaillissent les éclairs de quelque chose d'incomparable pour la témérité, la chance, la force d'esprit ou le dévouement. Il y a quelque chose de grandiose dans une notion sous laquelle l'esprit de la langue permet de rassembler Milton et Nelson, Lord Clive et Samuel Johnson, Byron et Warren Hastings, le second Pitt et Cecil Rhodes[1].

Combien les mots importent peu et combien la marque que leur imprime l'esprit de la langue parlée par une nation ! Quel piètre effet, à côté de « man of genius » et de l'intonation qu'ils savent mettre dans ce mot, l'intonation virile, sûre d'elle-même, je serais tenté de dire l'intonation fière du soldat ou du marin, quel piètre effet notre « génie » fait à côté, quel effet pédant, d'un pathétique court de souffle, fait ce mot, proféré avec l'exaltation hypocrite de la salle d'école ! Il s'y attache, dans l'usage de notre langue, quelque chose qui, croirait-on, ne supporterait pas le grand air, et cependant c'est le terme unique dans lequel nous pouvons comprendre Jean-Sébastien Bach, Kant, et Bismarck, Kleist, Beethoven et Frédéric II. Mais à nos oreilles sensibles il demeure un mot peu apprécié. Il n'a absolument plus l'éclat juvénile de 1770 et non plus le sombre éclat du bronze, comparable au noir reflet d'armes anciennes que l'usure d'une grande vie est capable de donner aux mots solennels et vénérables des grandes nations, reflet qui entoure d'une atmosphère qui fait battre nos cœurs, les simples désignations de fonctions, les titres et les inscriptions romaines les plus simples. Ce terme de « génie », quand on le trouve dans nos journaux, dans les nécrologies ou les hommages rendus à des poètes ou des philosophes défunts, là où il doit signifier l'éloge suprême, il m'apparaît — et j'entends même là où il est à sa place — d'une minceur indéfinissable, sans dignité, débile. C'est un mot extrêmement incertain et l'on dirait qu'il est toujours employé par des gens qui ont mauvaise conscience. Il est près d'être un mot prostitué, ce mot qui doit désigner le plus haut phénomène spirituel. N'est-ce pas étrange ?

Quand je le rencontre, employé sans qu'il marque une distance (et dans « man of genius » il y a toujours tant de distance entre un grand peuple et un grand individu !), il me vient en même temps toujours à l'esprit, à cause du contraste, la belle maxime méthodiste qui refuse tout effacement des distances : « N'oublie pas mon ami, qu'un homme ne saurait être ni loué ni vilipendé » (« my friend, a man can neither be praised nor insulted »). Il me semble que lorsque les Allemands parlent de leurs poètes, tant de ceux qui vivent parmi nous que de ceux qui sont morts et vivent parmi nous leur seconde vie plus rayonnante, ils disent beaucoup de belles choses. Parfois, d'amples déclarations un peu molles, jaillit une étincelle de la compréhension la plus ardente. Cependant il me semble manquer un je ne sais quoi, un ton qui serait plus que tous les éloges entassés et toute la subtilité pénétrante, un ton humain, un ton viril, un ton de confiance et de respectueuse liberté exempte d'affectation, un ton soulignant ce que les hommes doivent placer le plus haut chez les hommes : l'autorité du chef. Même à l'égard de Goethe, même quand il s'agit de lui, il y a des individus isolés qui conquièrent en eux-mêmes cette attitude et cultivent en eux ce seul ton possible, le seul qui soit digne, un ton qui n'est pas celui des maîtres d'école mais des gentlemen. Car avant tout, il est au-dessous de la dignité des poètes morts ou vivants d'accepter un autre éloge que cet éloge réel : la confiance des hommes vivants. Mais le caractère de notre époque est l'ambiguïté et l'indétermination. Elle peut seulement se reposer sur ce qui est en train de glisser, tout en étant consciente qu'elle se repose sur une chose qui glisse, là où les générations précédentes croyaient à la solidité. Il vibre en elle un léger vertige chronique. Beaucoup de choses sont en elles qui se manifestent seulement à un petit nombre et beaucoup de choses sont absentes dont beaucoup croient qu'elles sont là. C'est ainsi que les poètes aimeraient se demander parfois s'ils sont là, s'ils sont donc réels de quelque façon pour leur époque, si, à côté de tant d'éloges traditionnels et schématiques, dont ils ont leur part, le seul éloge réel qui ne soit pas au-dessous de leur dignité : la confiance des hommes vivants, la reconnaissance chez eux de quelque autorité de chef, leur est réservé en quelque lieu. Mais il se pourrait aussi — et ce serait d'autant plus beau, d'autant plus digne d'un temps qui s'est défait de toute ostentation et de toute rhétorique — il se pourrait que cet éloge, le seul réel, soit, justement en notre temps, constamment présenté en hommage aux poètes, mais d'une façon si cachée, si indirecte, qu'on aurait d'abord besoin de quelque réflexion, de quelque expérience du monde pour percevoir cette supputation cachée de la présence du poète, ce fervent désir caché de sa venue, ce refuge caché trouvé chez lui. Et c'est aujourd'hui qu'il en est ainsi, si je ne me trompe. Ici, ma façon de voir les choses me contraint à sûrement commencer par vous surprendre en affirmant que la lecture, cette habitude immodérée, cette immense maladie de la lecture, si vous voulez, ce phénomène de notre temps qu'on abandonne trop à la statistique et à la théorie des échanges commerciaux et dont on considère trop peu les côtés plus subtils, n'exprime rien d'autre qu'une aspiration insatiable à jouir de la poésie. Cela doit vous surprendre et vous me dites qu'à aucune époque précédente, la poésie n'a joué un rôle aussi modeste que celui qu'elle joue dans la lecture de notre époque, où elle disparaît sous la masse énorme de ce qu'on lit. Vous me dites que mon affirmation convient peut-être aux auditeurs des conteurs arabes ou en tout cas aux contemporains de *La Princesse de Clèves* ou à la génération de *Werther*, mais sûrement très peu à notre temps, celui des manuels scientifiques, des encyclopédies et des innombrables revues où il n'y a pas place pour la poésie. Vous me rappelez que ce sont les enfants et les femmes qui lisent aujourd'hui des drames et des poèmes. Mais je vous ai demandé la permission de parler des choses qui n'affleurent pas tout à fait et j'aimerais que nous pensions un instant combien la manière de lire de notre temps est différente de celle des époques antérieures. Plus la manière de lire de notre temps est agitée, sans but vraisemblable, plus elle me paraît remarquable. Nous sommes infiniment loin de l'amoureux paisible des belles lettres, de l'amateur d'une science populaire, du lecteur de romans, du lecteur de Mémoires, d'une époque antérieure plus paisible. Justement par ce qu'elle a de fiévreux, par son absence de choix, son incessant abandon des livres à peine pris en main, par l'activité qu'elle consacre à fouiller, à chercher, la lecture à notre époque me paraît un acte de la vie, une attitude digne d'attention, un geste.

Je vois presque comme le geste de notre temps l'homme tenant un livre entre ses mains, comme l'homme agenouillé, les mains jointes, fut le geste d'un autre temps. Naturellement, je ne pense pas à ceux qui veulent apprendre une chose déterminée dans des livres déterminés. Je parle de ceux qui, selon le différent degré de leurs connaissances, lisent des livres tout à fait différents, sans plan déterminé, changeant incessamment, goûtant rarement un long repos dans un livre, poussés par un désir incessant, jamais bien assouvi. Mais le désir de ceux-là, semblerait-il, ne se porte nullement vers le poète. C'est l'homme de science qui est capable d'assouvir ce désir ou, pour quatre-vingt-dix pour cent d'entre eux, le journaliste. Ils aiment encore mieux lire des journaux que des livres et, bien qu'ils ne sachent pas précisément ce qu'ils cherchent, ce n'est sûrement en aucun cas la poésie mais des renseignements superficiels, tranquillisants, pour le moment présent, l'assemblage de faits réels, des « vérités » compréhensibles et en apparence nouvelles, la matière brute de l'existence. Je dis cela comme nous le disons couramment et comme nous le croyons à la légère. Mais je crois, non, je sais que cela c'est seulement l'apparence. Car ils cherchent plus, ils cherchent quelque chose d'autre, ces centaines de milliers, dans les milliers de livres qui se transmettent de main en main jusqu'à ce qu'ils tombent en morceaux, salis, usés par la lecture. Ils cherchent quelque chose d'autre que les choses prises isolément, que les théories courtes de souffle, flottant dans l'air, que leur offrent les livres l'un après l'autre. Ils cherchent mais il ne leur est pas donné de dialectique assez subtile pour s'interroger et dire ce qu'ils cherchent, pas de vue d'ensemble, de puissance de synthèse. La seule chose par laquelle ils peuvent exprimer ce qui se passe en eux est le geste d'une muette éloquence avec lequel ils abandonnent le livre ouvert et en ouvrent un nouveau. Et il est impossible que cela s'arrête car ne cherchent-ils pas de livre en livre ce que le contenu d'aucun de leurs mille livres ne peut leur donner ? Ils cherchent une chose qui flotte entre les contenus de chacun des livres isolés, une chose qui serait capable de nouer ensemble ces contenus en une unité. Ils engloutissent les livres les plus positifs, la littérature la plus dépourvue d'âme entre toutes et cherchent une chose douée de la plus haute spiritualité. Ils cherchent sans cesse ce qui relierait leur vie aux artères de la grande vie dans une transfusion magique de sang vivant. Ils cherchent dans les livres ce qu'ils cherchaient jadis devant les autels fumants — dans la pénombre des églises tirées vers les cieux par une fervente aspiration. Ils cherchent ce qui peut les attacher au monde plus fortement que tout et qui, en même temps, leur ôte subitement la pression du monde. Ils cherchent un Moi, sur la poitrine duquel leur Moi s'appuie pour se tranquilliser. Ils cherchent, en un mot, toute la magie de la poésie. Mais leur affaire n'est pas de se rendre compte de ces choses, pas plus que de savoir que c'est le poète qu'ils cherchent derrière l'écrivain au jour le jour, le journaliste. Car, là où ils cherchent, ils trouvent également. L'auteur de romans qui les enchante, le journaliste qui donne du goût à leur propre vie et projette les lumières criardes de la grande vie sur le chemin qu'ils parcourent matin et soir, je n'ai vraiment pas le courage ni le désir de les séparer du poète. Je ne sais aucun écrivain payé à la ligne, le plus misérable de son métier, sur les productions duquel, pour un œil absolument non blasé, pour une imagination qui étouffe dans la sécheresse de la dure existence, ne tomberait pas — si indigne qu'il puisse être de cette lumière — un peu de l'éclat de la condition de poète, simplement du fait qu'il se sert — fût-ce en très mauvais ouvrier — de l'instrument le plus merveilleux : une langue vivante. Il est vrai, il la rabaisse, il lui ôte de son élévation, de son éclat, de sa vie, autant qu'il le peut. Mais il ne peut jamais l'abaisser à un point tel que les rythmes cassés, les alliances de mots qui, en dépit de lui-même, sont à la disposition de sa plume, les images qui, il est vrai, dans ses tristes ouvrages, connaissent le pilori, ne puissent tomber encore ici et là comme des rayons magiques dans une âme très jeune, très inculte. (Et, chez celles-ci, n'y a-t-il pas plus de destins juvéniles ressemblant à ceux de Kaspar Hauser[1], qu'on pourrait le supposer dans les déserts immenses que sont nos villes grouillant d'humanité ?)

En ayant rappelé le puissant mystère de la langue, j'ai dévoilé d'un seul coup le but où je voulais vous conduire. C'est par le pouvoir de la langue que le poète gouverne en cachette un monde dont chacun des membres peut le renier, peut avoir oublié son existence. Et pourtant c'est lui qui conduit leurs pensées l'une vers l'autre et les écarte l'une de l'autre, qui règne sur leur imagination et la tient en lisière. Bien plus, même leurs actes arbitraires, leurs cabrioles grotesques vivent de son bon plaisir. Cette magie muette agit inexorablement comme tous les pouvoirs réels. Tout ce qui s'écrit dans une langue et, risquons le mot, tout ce qui s'y pense descend des productions des quelques-uns qui, une fois, ont disposé de cette langue en créateurs. Et tout ce qu'on appelle littérature au sens le plus large et le moins sélectif, jusqu'au livret d'opéra des années quarante, jusqu'au roman populaire au bas de l'échelle, tout descend des quelques grands livres de la littérature universelle. C'est une descendance avilie, défigurée jusqu'au grotesque par des croisements indisciplinés mais c'est une descendance en ligne directe. Ainsi ce sont quand même réellement les poètes, uniquement les poètes, les mots que leur cerveau a mariés pour toujours, a séparés pour toujours en antithèses, les figures, les situations où ils ont symbolisé le cours éternel des événements, ce sont uniquement les poètes avec lesquels l'imagination des centaines de milliers a affaire. L'homme sur l'omnibus qui a un journal à moitié lu dans la poche de sa blouse de travail et le petit commis de magasin et la cousette qui se prêtent le roman populaire et tous les innombrables lecteurs de livres sans valeur, n'est-il pas étrange de penser qu'ils s'occupent quand même de quelque façon des poètes aux heures où leur regard vole sur les lignes noires, qu'ils subissent le pouvoir des poètes, âmes solitaires, dont ils n'ont aucune idée de l'existence, dont un abîme si profond les sépare des productions réelles, eux et leurs semblables ? Et dont le rayonnement affectif, la chaleur, en liant les atomes qui s'éparpillent, dont la magie est bien la seule chose qui tienne quand même ensemble même ces livres, qui fasse de chacun d'eux un monde en soi, une île où l'imagination peut résider. Car sans cette magie qui leur donne une apparence de forme, ils se disloqueraient, ils seraient de la matière morte et même la main du plus inculte ne s'avancerait pas pour les prendre.

Mais vers les livres où la science entasse la récolte de ses jours et de ses nuits laborieuses, des milliers de mains se tendent sans cesse. Ces livres et leur descendance semblent être avant tous les autres ceux qui ont fait leurs adeptes des esprits plus affinés, mieux composés. Et ne vais-je pas trop loin en affirmant ici, encore une fois, que je perçois une nostalgie de poète cachée, nostalgie qui, aussi absurde que plus d'un mouvement de l'âme, prétend justement se détourner de l'objet secret de ses vœux et lui tourner le dos pour toujours ? Mais n'est-ce donc pas réellement toujours et uniquement les quelques-uns qui travaillent dans une science, qui recherchent en elle son essence réelle, son existence sévère, isolée, baignée d'un océan sans fond de froid éternel ? Et, pour les multitudes des âmes non éprouvées qui cherchent, ce froid ne serait-il pas si terrible qu'elles s'y brûleraient et qu'elles évitent ce lieu pour toujours ?

Qu'il y ait des hommes capables de vivre dans un air léché par la froideur glaciale des espaces éternels, c'est un mystère de l'esprit, mystère comme le sont d'autre part l'existence des poètes et le fait qu'il y a des esprits capables de vivre sous l'immense pression de toute l'existence rassemblée — comme le font, assurément, les poètes. Mais ce n'est pas l'affaire de la multitude, ce ne peut être que la leur. Car ils sont dans la vie, et, de la science, prise au sens pur et rigoureux, aucun chemin ne ramène dans la vie. A la science, une aspiration est inhérente, comme une aspiration est inhérente aux arts : devenir art pur. C'est pourquoi l'on a dit (mais cela doit se comprendre métaphoriquement) qu'ils aspirent à devenir musique. Cette aspiration à s'élever à la pureté de la mathématique, voilà, si vous voulez, le seul élément encore humain dans les sciences, voilà si vous voulez l'âme qui les imprègne durablement d'humanité. Car elles transportent ainsi dans l'univers l'activité mesurante de l'homme et, comme dans l'axiome antique, l'homme demeure la mesure de toutes choses. Mais ici également le chemin s'élance dans des étendues solitaires et glaciales. Et ce n'est pas vers le froid ardent de l'éternité que se sentent poussés ceux qui, en grand nombre, prennent et reprennent en main ces livres. Ils ne sont pas des adeptes et éternellement les parvis du temple sont assignés à leur foule grouillante, agitée, questionneuse et avide. L'objet de leur désir ardent, ce sont les sentiments qui rattachent, les sentiments qui accompagnent l'image du monde, les sentiments qui accompagnent la pensée, justement ceux que la vraie science rigoureuse est contrainte de refuser pour elle-même, justement ceux que seul donne le poète. Eux qui tendent la main vers les livres scientifiques et mi-scientifiques, tout comme les autres, dont nous avons parlé, vers les romans, la page de journal, ou tout chiffon de papier imprimé, ils ne veulent pas se tenir là frissonnant dans leur nudité, sous les étoiles. Ils aspirent à avoir ce que seul le poète peut leur donner quand il jette sur leur nudité les plis de son vêtement. Car composer des poèmes, le mot se trouve quelque part dans le *Journal* de Hebbel[1], composer des poèmes, c'est jeter sur soi le monde comme un manteau et se réchauffer. A cette chaleur ils veulent avoir part et c'est pourquoi ce sont les vestiges de la poésie qu'ils attrapent au vol, là où ils croient rendre hommage à la science. C'est vers la pensée qui sent, le sentiment qui pense que leur esprit est tourné, vers la transmission par un médiateur de ce que la science, dans un renoncement grandiose, accepte comme intransmissible. Eux pourtant, ils cherchent le poète sans le nommer.

Ainsi, le poète est là où il ne semble pas être et il est toujours à un autre endroit que celui où l'on croit qu'il est. Etrangement, il habite dans la demeure du temps, sous l'escalier, là où tous doivent passer devant lui sans que personne n'y prête attention. Ne ressemble-t-il pas au pèlerin princier de la vieille légende ? Il lui avait été imposé de quitter sa maison princière, sa femme et ses enfants et de partir pour la Terre Sainte. Il revint mais avant qu'il franchît le seuil, il lui fut imposé d'entrer maintenant dans sa propre maison comme un mendiant inconnu et d'habiter à la place que lui assigneraient les domestiques. C'est là qu'il demeure et il entend et voit sa femme, ses frères et ses enfants monter et descendre l'escalier, parlant de lui comme d'un disparu, peut-être même d'un mort et pleurant sa mort. Mais à lui, il est imposé de ne pas se laisser reconnaître et il demeure sans être reconnu sous l'escalier de sa propre maison.

Cette résidence dans sa propre maison, sans qu'on le reconnaisse, sous l'escalier, dans l'obscurité, auprès des chiens, étranger et pourtant chez lui ; comme défunt, comme fantôme, dans toutes les bouches, maître de leurs larmes, mis au tombeau dans l'amour et le respect ; comme vivant, repoussé par la dernière des servantes et envoyé auprès des chiens. Sans fonction dans cette maison, sans service, sans droit, sans devoir si ce n'est de rôder, d'être couché et de peser tout cela en lui-même sur une balance invisible, de peser tout cela jour et nuit continuellement et de passer par d'immenses souffrances et d'immenses jouissances : celles de posséder tout cela comme jamais maître ne possède sa maison — car possède-t-il les ténèbres, qui reposent la nuit sur l'escalier, possède-t-il l'insolence du cuisinier, la morgue de l'écuyer, les soupirs de la servante la plus basse ? Lui cependant, gisant comme un spectre dans l'obscurité possède tout cela, car chacune de ces choses est une blessure ouverte dans son âme et brillera un jour du rouge éclat d'une escarboucle sur sa tunique céleste. Cette résidence d'un prince qu'on ne reconnaît pas n'est rien qu'un symbole qui m'est venu subitement à l'esprit parce que, il y a peu de semaines, j'ai lu cette légende dans un vieux livre : « Les Gestes des Romains », mais je crois qu'il a la force de nous conduire à ce que je vous parle de ce qui n'est pas moins fantastique tout en appartenant tellement à ce que nous appelons, pour nous rassurer, réalité, à ce que nous appelons présent — qu'il a la force de nous amener à ce que je vous parle de la façon dont je vois le poète habiter cette demeure du temps, à la façon dont je sens qu'il loge et vit dans ce présent, cette réalité qu'il nous est donné d'habiter.

Il est là et ce n'est l'affaire de personne de se préoccuper de sa présence. Il est là et change de place sans bruit, il n'est rien qu'œil et oreille et il prend sa couleur des choses sur lesquelles il repose. Il est le spectateur, non, le compagnon dissimulé, le frère silencieux de toutes choses et ses changements de couleur sont un tourment intime. Car il souffre de toutes les choses et, souffrant d'elles, il en jouit. Cette jouissance dans la souffrance, voilà tout le contenu de sa vie. Il souffre de tant les sentir. Et il souffre de l'individu autant que de la masse. Il subit leur singularité et subit leur connexion, l'élévation et l'absence de valeur, le sublime et le vulgaire, il subit leurs états et leurs pensées. Même les simples choses de la pensée : les fantômes, créatures sans consistance du temps, il les subit comme si elles étaient des humains. Car pour lui humains, choses, pensées et rêves ne sont absolument qu'une seule chose. Il connaît seulement des phénomènes qui surgissent devant lui et dont il souffre tout en tirant son bonheur de cette souffrance. Il voit et sent. Sa perception du réel a l'accent du sentiment, son sentiment a la clairvoyance de la perception du réel. Il ne peut rien omettre. A aucun être, aucune chose, aucun fantôme, aucun spectre enfanté par l'esprit humain, il ne doit fermer ses yeux. On dirait que ses yeux n'ont pas de paupières. Aucune pensée qui l'assiège, il ne doit la chasser comme si elle appartenait à un autre ordre de choses. Car, dans son ordre de choses, toute chose doit s'ajuster. En lui tout doit et veut se réunir. C'est lui qui noue en lui les éléments du temps. C'est en lui qu'est le présent, ou il n'est nulle part [1].

Mais dans ces tissus s'entremêlent des fils encore plus fins et, si aucun œil ne les perçoit, le sien ne doit pas les renier. Pour lui la trame du présent s'entretisse indescriptiblement avec le passé. Dans les pores de son corps, il sent la vie écoulée de jours passés, transmise jusqu'à lui, celle de pères et d'ancêtres, de temps révolus. Son œil — même s'il était le seul comment s'en défendre ? — est touché par le feu vivant venant d'étoiles que depuis très longtemps l'espace glacé a absorbé et éteint[1]. Car telle est la seule loi à laquelle il soit astreint : n'interdire à aucune chose d'entrer dans son âme et ce qu'est une créature humaine tendant les bras vers lui, voilà ce que sont pour lui, tout aussi familiers, le rayon papillotant qu'un univers a envoyé, il y a trois mille ans, des étoiles et qui touche aujourd'hui son œil et, dans le tissu de son corps les palpitations attardées causées par d'antiques émotions, plus guère mesurables. Comme le sens le plus intérieur de tous les êtres humains crée autour d'eux le temps et l'espace et le monde des choses, ainsi le poète avec le passé et le présent, l'animal et l'homme, le rêve et la chose, le grand et le petit, le sublime et le dérisoire, crée le monde des relations.

Il crée. De sourdes douleurs, des destins bornés peuvent se déposer pour longtemps sur son âme et l'imprégner intimement de souffrance. A une autre heure, il reflétera le ciel étoilé dans son âme grande ouverte. Il est l'amant des douleurs et l'amant du bonheur. Il est celui que les grandes villes et que la solitude ravissent. Il est l'admirateur passionné des choses qui sont de toute éternité et de celles qui sont d'aujourd'hui. Londres dans le brouillard avec ses cortèges fantomatiques de chômeurs, les ruines des temples de Louxor, le clapotis d'une source solitaire dans la forêt, les hurlements de machines monstrueuses. Les transitions ne sont jamais difficiles pour lui et il laisse les étonnements sporadiques à ceux dont l'imagination est plus lourde. En effet, il s'étonne toujours mais il n'est jamais surpris car rien ne se présente à lui tout à fait à l'improviste, toutes choses sont comme si elles avaient toujours été là et toutes choses sont là quand on ne les attendait pas, tout est là en même temps. Il ne saurait renoncer à rien mais, à proprement parler, il ne saurait aussi rien perdre, même pas par la mort. Les morts se relèvent pour lui, non pas quand il le veut, mais quand eux le veulent. Toujours est-il qu'ils se relèvent pour lui. Son cerveau est le seul lieu où il leur soit permis de revivre pour un atome de temps et où leur est donné en partage, à eux qui logent peut-être dans une solitude en train de se pétrifier, le bonheur sans limite des vivants : se rencontrer avec tout ce qui vit.

Les morts vivent en lui car, pour sa passion dévorante d'admirer et de promener un regard étonné, ce départ du monde n'est pas une barrière. Il n'est pas capable d'oublier jamais complètement ce dont il a un jour entendu parler, dont un mot, un nom, une allusion, une anecdote, une image, une ombre sont jamais tombés dans son âme. Il n'est pas capable de rien considérer au monde et entre les mondes comme non avenu. Il courtise en secret le souffle qui l'a effleuré, fût-il venu de la tombe. Il lui est naturel d'aimer Mirabeau pour son éloquence, Warren Hastings pour son courage, Frédéric II pour sa solitude grandiose, le prince de Ligne[1] pour sa politesse, Marie-Antoinette pour son échafaud et saint Sébastien pour ses flèches. Mais à côté d'eux, son imagination court rejoindre tout aventurier obscur dont parle le journal, à cause de ses aventures, court rejoindre le riche à cause de sa richesse, le pauvre à cause de sa pauvreté. Chaque condition sociale veut avoir son Pindare mais elle l'a effectivement. Le poète en passant devant la maison du potier ou devant celle du cordonnier et en jetant un regard par la fenêtre s'éprend tellement du métier du potier ou du cordonnier qu'il ne quitterait jamais la fenêtre si ce n'est qu'il doit ensuite recommencer à regarder le chasseur ou le pêcheur ou le boucher.

J'entends souvent des plaintes, dans des conversations ou dans un journal : différentes choses qui en seraient dignes ne seraient pas dépeintes par les poètes de notre temps, par exemple les contenus de maintes industries ou des choses de ce genre. Mais dans la mesure où, dans ces entreprises, la vie prend une forme propre, un rythme nouveau du fait d'une réunion particulière ou d'un isolement particulier des personnes, dans la mesure où, dans ces entreprises, chaque personne individuellement ou beaucoup en même temps entrent dans une relation particulière avec la nature, où des lumières particulières tombent sur elles, où le symbolisme infini de la matière verse sur elles des ombres et des éclairages nouveaux et inattendus, les poètes se jetteront sur cette chose nouvelle, sur cette contexture nouvelle de choses, en vertu de la passion profonde qui les pousse à intégrer toute chose nouvelle au tout qu'ils portent en eux, en vertu de leur passion irrépressible d'établir une relation entre tout ce qui est. Car tel est leur pouvoir sans mesure d'évoquer des ombres. Ils ne prennent plus seulement pour héros Alexandre et César, la Nouvelle Héloïse ou Werther, non. L'existence la moins apparente, la situation la plus indigente touchent de leur âme leurs sens de plus en plus aiguisés. Là où, d'une vie presque sans contenu jaillit la très faible flamme d'une existence propre, d'une souffrance particulière, ils sont proches et ils tissent en eux-mêmes les fils d'une existence sans vie et du cercle de brume qui flotte autour d'elle en une réalité fantomatique.

Le poète ne saurait en effet passer devant aucune chose, si peu d'apparence qu'elle ait. Qu'il existe dans le monde une chose comme la morphine, et qu'il ait existé une fois une chose comme Athènes, Rome et Carthage, et des marchés d'hommes, l'existence de l'Asie et celle de Tahiti, l'existence des rayons ultraviolets et les squelettes des animaux antédiluviens, cette poignée de faits et les myriades de faits semblables appartenant à tous les ordres de choses, sont toujours présents pour lui de quelque façon, sont quelque part dans l'obscurité à l'attendre et il lui faut compter avec eux. Il vit et sa vie est constamment sous une pression d'atmosphères impossible à mesurer, comme le plongeur dans les profondeurs de la mer et le plus étrange dans l'organisation d'une âme, c'est qu'elle résiste à cette pression. Il ne doit rien écarter de lui. Il est le lien où les forces de ce temps demandent à se compenser. Il ressemble au sismographe que tout tremblement fait vibrer, même s'il se produit à des milliers de lieues. Ce n'est pas qu'il pense sans cesse à toutes les choses du monde. Mais elles pensent à lui. Elles sont en lui, aussi le gouvernent-elles. Même ses heures mornes, ses dépressions, ses moments de confusion sont des états impersonnels. Ils ressemblent aux palpitations du sismographe et un regard qui serait assez profond pourrait y lire des choses plus mystérieuses que dans ses poèmes. Ses douleurs sont des constellations intérieures, des configurations de choses en lui qu'il n'a pas la force de déchiffrer. Son activité incessante est de rechercher en lui des harmonies, d'harmoniser le monde qu'il porte en lui. Dans ses heures de suprême élévation, il a seulement besoin de mettre ensemble et les choses qu'il place l'une à côté de l'autre s'harmonisent.

Mais vous voulez jouir de cette harmonie et les poètes de ce temps, à ce qu'il pourrait vous sembler maintes fois, sont en reste envers vous. Les poètes, m'entendez-vous assurer, font se rencontrer toutes les choses, ils purifient les sourdes douleurs de ce temps, au milieu d'eux tout devient sonorité et toutes les sonorités se lient entre elles et cependant... Vous avez lu beaucoup trop de ces livres, c'étaient des livres poétiques, il y avait en eux la matière première du poète mais rien de cette magie suprême. Vous vouliez fuir le morcellement de ce monde et vous avez retrouvé des choses en morceaux. Vous avez trouvé, mis à nu, tous les éléments de la vie : le mécanisme de l'esprit, les états physiques, les relations ambiguës de l'existence, tout cela en désordre comme le tas des matériaux pour la construction d'une maison. Vous avez trouvé dans ces livres la même atomisation, la décomposition de l'être humain en ses éléments, la désintégration de ce qui forme ensemble l'homme supérieur et vous vouliez néanmoins plonger vos regards dans le miroir magique où le désert devait vous regarder sous l'apparence d'une chose construite, la chose morte sous celle de la vie, la désintégration sous celle d'une chose éternellement florissante. La poésie au fond de toutes ces tentatives, vous la sentez sans doute, mais comment, vous demandez-vous, suffiraient-elles à attester un talent de poète ?

De ces âmes de poètes n'émane-t-il pas une agitation encore plus grande et plus fiévreuse au lieu de l'apaisement ? Ne sont-elles pas comme les organes sensibles de ce grand corps, par le pouvoir desquels les exigences disparates qui l'assaillent bouleversent son âme encore plus furieusement. Les poètes ne créent-ils pas des fantômes là où ils portent les yeux, ne jettent-ils pas le désarroi, n'inquiètent-ils pas les esprits en donnant une âme même aux parties des créations qui se désagrègent ? Cela, vous vous le demandez toujours plus haut en absorbant les écrits de ce temps et vous vous le demandez avec impatience et vous vous sentez brutalement requis d'appliquer l'étalon de l'absolu à l'indigente créature du temps et d'exiger de ceux qui aimeraient être les poètes de ce temps la plus haute des performances, la seule performance poétique indispensable : faire la synthèse du contenu de ce temps. Vous ne voulez plus continuer à créditer de leur seule présence l'élément poétique, l'essence poétique, l'essence poétique dont, vous me l'avouez volontiers, il se peut que cette époque soit imprégnée tout autant qu'une autre et vous exigez des résultats.

Vous trouvez dans l'œuvre de Schiller, vous trouvez dans celle de Hebbel, bien qu'elle soit moins aisée à déchiffrer, pour chacune d'elles, le total d'une époque. Vous approchez du point où vous concéderez la même chose au mystérieux Novalis — et vous comprenez pleinement que la seule raison pour laquelle je ne parle pas de Goethe dans ce contexte et je n'ai pas commencé par citer ici son œuvre, c'est qu'elle n'accomplit pas seulement la synthèse d'une époque limitée, mais de deux âges qui s'entrechoquent et qu'à ce point de vue nous n'en apercevons pas encore aujourd'hui les limites. Mais, d'un semblable accomplissement, de quelque côté que vous vous tourniez, les poètes de ce temps sont en reste envers vous. Et il pourrait vous sembler que cette négligence à s'acquitter soit accompagnée d'une légère expression de défi qui leur est particulière, d'un égoïsme conscient dans leur attitude, d'une volonté de se détourner de ce qui paraît être les questions les plus impérieuses de ce temps, d'un jeu de cache-cache. Vous voyez et revoyez avec étonnement combien peu les poètes paraissent se souvenir de leur fonction, comment avec une hauteur à laquelle s'attache quelque chose comme du mépris, ils s'en remettent à d'autres personnes, de jouer pour des instants le rôle d'avocats et de rhéteurs de leur temps. On dirait qu'il y a un abîme entre leur attitude et celle de Schiller, qui fut tellement le héraut conscient et éloquent de son époque, entre leur attitude et celle de Hebbel qui, se tenant l'œil ouvert dans l'obscurité, sentait constamment le plateau de la balance des valeurs monter et descendre dans sa main. On dirait que, dans une étrange limitation, ils sont seulement conscients de l'inépuisable expérience de leur vocation de poètes et jamais, au grand jamais, de la fonction qui pèse sur elle. On dirait que, lorsqu'ils créent leurs œuvres, ce qui leur importe, c'est un plaisir extrêmement personnel et le plus mystérieux qui soit, c'est de se baigner hâtivement dans la vie, d'attirer à eux et de laisser repartir son flot étincelant. On dirait, si nous voulions considérer le côté détourné, mystérieusement éclairé de ces choses, qu'ils cherchent seulement dans leur création un repos, un besoin maladif de se jeter dans n'importe quel lit, après avoir été roulés dans un tourbillon sans fin, comme le Satan de Karamazov aspirait à s'incarner dans le corps d'une femme de marchand pesant cent vingt kilos et de croire à tout ce qu'elle croit [1].

Cette façon de voir ces choses, cette aversion plus affective qu'intellectuelle — il me semble maintes fois les sentir flotter, cette légère tension impatiente, ce jugement informulé d'une époque sur ses poètes qui sont là tout en paraissant ne pas y être pour elle, qui s'immergent continuellement dans les éléments du temps et semblent ne jamais s'élever au-dessus d'eux — ses poètes qui en se consacrant perpétuellement à la matière (et cela fait tellement peu de différence qu'il s'agisse de la matière du monde extérieur ou du monde intérieur) expriment quelque chose comme un renoncement à la synthèse, une volonté de se dérober, une résignation indigne et inconcevable.

J'ai maintes fois l'impression que l'œil du temps fait peser un regard sévère, interrogateur, difficilement supportable, sur l'existence des nombreux poètes, comme sur une vision étrange et inquiétante. Et il me semble aussi que les poètes sentent ce regard sur eux, sentent leur pluralité, la communauté qui existe entre eux, l'enchaînement de leurs destins et ce qu'il y a d'inconcevable et pourtant de sourdement nécessaire dans leur activité. Et pour cette activité on ne saurait trouver aucune formule mais elle est commandée par la nécessité et l'on dirait qu'ils travaillent tous à bâtir une pyramide, immense résidence d'un roi mort ou d'un dieu pas encore né.

Car ils sont là, on n'y peut rien. Ils sont là et ils sont placés dans le monde pour s'acquitter d'une affaire : tout en souffrant, jouir de l'infinité des phénomènes et, avec cette délectation dans la souffrance, créer la vision, créer à chaque seconde, à chaque pulsation, sous une pression au-dessus d'eux qui rappelle celle de l'océan, sans qu'aucune lumière ne les éclaire, même pas une lampe de mineur, créer, environnés du vacarme de voix railleuses qui les troublent, créer, sans qu'aucune autre impulsion ne les pousse que la tendance fondamentale de leur être, créer la cohésion entre les expériences vécues, l'harmonie supportable des phénomènes, créer comme les fourmis qui recommencent à créer aussi souvent qu'elles sont dérangées, comme l'araignée qui tire de son propre corps le fil qui la porte par-dessus l'abîme de l'existence.

Mais cela, c'est ce que chacun pour son propre compte peut donner, cependant ils sont nombreux et chacun sent la présence de l'autre (comment pourraient-ils ne pas la sentir puisqu'ils sentent toute pression atmosphérique, sentent le souffle de la respiration de quelqu'un mort depuis mille ans ?). Chacun sent vivre l'autre, ils sentent leurs mains à tous travailler en commun à tisser une étoffe, ils sentent leurs mains à tous, les unes à côté des autres dans l'obscurité, tirant une corde sans fin. Et pour cette activité on ne pourrait trouver aucune formule mais elle est commandée par la nécessité. Et sur tous ces agissements silencieux, toute cette activité, pèse, à ce qu'il pourrait nous sembler, le sévère regard interrogateur du temps... Et si personne n'était obligé de répliquer à ce regard, si personne, pas plus aujourd'hui qu'ultérieurement, ne devait une réponse à cette interrogation ?

Ne nous réveillons-nous pas maintes fois de notre sommeil ? Nous pensons nous réveiller, nous entendons tout, voyons tout et sommes cependant endormis au plus profond de nous-mêmes, emplis des poisons secrets et salutaires du sommeil, restons étendus un petit moment et notre pensée en apparence si éveillée fixe quelque profondeur de notre existence d'un terrible regard d'acier, d'un regard plein de tourments ? Rien ne tient tête à ce regard. Comment puis-je supporter cela, crie affectueusement une voix en nous. Comment se fait-il que je vive en supportant cela et ne mette pas fin à mes jours ? Car il n'y a pas de réponse supportable. Le jour va venir avec les cloches du matin et les voix des oiseaux, la lumière va devenir vivante mais cela ne changera pas. Cependant qu'on se rendorme une seule fois et cela s'en va, anéanti par le doux baume de la vie. Aussi ai-je l'impression que, endormi au plus profond de lui-même par des poisons mystérieusement efficaces, le temps n'ouvre que de loin en loin les yeux du somme où il était plongé et attache sur tout cela ce regard terriblement interrogateur. Mais c'est le regard perçant d'un dormeur et personne, ni aujourd'hui ni ultérieurement, ne lui devra une réponse.

Jamais, un temps éveillé ne réclamera de nouveau des poètes, pas plus de chacun en particulier que de tous ensemble, une expression rhétorique exhaustive de lui-même, un bilan établi en formules intellectuelles. Pour cela, le siècle d'où nous nous arrachons a donné trop de force pour nous aux phénomènes. Il a trop violemment attisé la danse de masques des apparitions muettes. Trop puissamment le mystère sans parole de la nature et l'ombre silencieuse du passé sont entrés vers nous. Un temps éveillé réclamera davantage des poètes et des choses plus mystérieuses. Un immense processus a imprimé une marque nouvelle sur l'expérience vécue par le poète et ainsi, du même coup, sur l'expérience vécue de celui pour qui le poète est là : l'individu isolé. Le poète et celui pour qui le discours poétique existe, tous deux ne ressemblent plus aux mêmes figures d'une époque quelconque du passé. Je ne veux pas dire en quelle mesure ils paraissent ressembler davantage au prêtre et au fidèle ou à l'être aimé et à l'amant au sens platonicien, ou à l'enchanteur et à l'enchanté. Car ces comparaisons masquent tout autant qu'elles dévoilent certains aspects d'une relation inconcevable où les magies si différentes de toutes ces relations se mêlent à encore d'autres éléments sans nom qui appartiennent uniquement au jour où nous sommes.

Mais cette relation inconcevable est là. Le livre est là, plein de son pouvoir sur les sens, sur l'âme. Le livre est là et il dit en chuchotant où l'on obtient du plaisir de la vie et comment le plaisir s'évapore, comment l'on obtient la domination des hommes et comment l'on doit supporter l'heure de la mort. Le livre est là et, avec lui, la quintessence de la sagesse et la quintessence de la séduction. Il est posé là et il se tait et parle et il est d'autant plus équivoque, plus dangereux et mystérieux que tout est plus équivoque, plus puissant et plus mystérieux dans ce temps inconcevable au-delà de toute mesure, dans ce temps poétique, au sens le plus élevé. C'est un non-sens que de faire une antithèse facile et d'opposer la vie aux livres. Car si les livres n'étaient pas un élément de la vie — élément extrêmement équivoque, dangereux, magique, glissant entre les doigts — il ne vaudrait pas la peine d'user son souffle à en parler. Mais dans la main de chacun ils sont autre chose et ils vivent ensemble quand ils se rencontrent avec une âme vivante. Ils ne parlent pas mais ils répondent, ce qui en fait des démons familiers. L'époque est frustrée de sa synthèse mais dans mille heures sombres les sources jaillies des profondeurs ne se refusent pas au lecteur isolé. Je ne sais déjà plus, en contemplant ces choses dans leur enchaînement plus beau, leur enchaînement secret si je peux parler encore de créations indigentes là où, après tout, la création qui, après des époques stériles, a pris naissance dans l'âme, agit à son tour sur l'âme. Jamais, avant les jours où nous sommes, des lecteurs qui réclament leur dû n'ont ainsi porté tout leur Moi vers un discours poétique. Tout comme sur les poètes eux-mêmes, sur eux aussi pèse la contrainte de ne rien exclure. C'est une lutte, un chaos, qui veut parvenir à la lumière chez ceux qui penchent un œil avide sur les livres, comme chez ceux qui les ont produits. Chez les gens qui lisent dont je parle (les isolés, rares et pourtant moins qu'on pourrait le penser), chez ceux-là aussi, toute obscurité veut se résorber, comme dans un bain de vie, toute division veut s'oublier, tout veut se réunir. Pour eux aussi comme pour le créateur, l'âme s'affranchit des éléments matériels, non en les dédaignant, mais en les appréhendant avec une telle intensité qu'elle se fait un passage à travers eux. Pour eux aussi, à leurs instants de plus grande élévation rien n'est éloigné, rien n'est proche, aucune situation de l'âme n'est inaccessible, il n'y a pas de basse condition qui soit basse. A eux aussi, il arrive ce qui arrive au poète et à ces instants leur souffle est puissance créatrice. Eux aussi, à ces heures rares qui sont une expérience de leur vie et qu'on est incapable de vouloir, ils ne lisent rien à quoi ils ne croient pas, tout de même que les poètes ne supportent pas de donner forme à ce à quoi ils ne croient pas. Je dis « croire » et je le dis dans un sens plus profond que celui qui, je le crains, vient frapper votre oreille, dans la hâte de ce discours qui tend à sa fin. Je ne l'entends pas comme le fait de se perdre dans l'enchantement fantastique du discours poétique, comme celui, penché sur le livre, d'oublier sa propre existence, comme une brève et insipide fascination. C'est le contraire, que je croyais dire. Je pensais prendre ce mot dans toute la profondeur de son sens. C'est dans sa pleine signification religieuse que je l'entends : comme l'acceptation de la vérité d'une chose au-delà de toute apparence de réalité, comme l'intervention d'une main qui prend et une sensation d'être pris au plus profond de l'âme, un repos dans le tourbillon de l'existence. C'est ainsi que les poètes croient ce à quoi ils donnent forme et qu'ils donnent forme à ce qu'ils croient. Le Tout est emporté dans une course folle mais leurs visions sont les points qui portent pour eux l'édifice du monde. Mais ce terme de « visions », acceptez-le comme je vous le donne, ne le rattachez à aucune idée préconçue, entendez sous cette idée la pénétration véritable de la matière la plus restreinte tout comme l'immense contemplation des événements cosmiques, qui réunit tout en elle. Du soin de le faire, il faut que je m'en remette à vous. Car vous êtes assis devant moi, vous êtes nombreux et je ne sais pas à qui je parle, mais je parle seulement pour ceux qui veulent m'accompagner et non pour celui qui s'est donné parole d'écarter de lui tout cela. Je peux seulement parler pour ceux pour lesquels le discours poétique est là. Ceux dont seule l'existence donne une vie aux poètes. Car ils sont d'éternels répondeurs et, sans les questionneurs, le répondeur est une ombre. Il est vrai, il s'agit avant tout de la vie et des vivants. C'est des hommes et des femmes de ce temps qu'il s'agit, qui sont réels pour nous, pour lesquels seulement le présent et l'avenir semblent être là, pour lesquels des soleils se sont éteints et des soleils nouveaux se sont formés, pour lesquels il y a eu des temps antédiluviens et d'immenses forêts et des animaux démesurés, pour lesquels Rome s'est effondrée et Carthage, afin qu'ils vivent et respirent aujourd'hui comme ils le font et qu'ils soient enveloppés de cette chair vivante et que l'humidité de leurs yeux brille dans leurs visages et que leurs cheveux soient appliqués autour de leur front comme ils le sont aujourd'hui. C'est de ceux-là qu'il s'agit, de leurs douleurs et de leur plaisir, de leurs entrelacements et de leurs solitudes. Mais c'est une antithèse absurde que d'opposer à ceux qui vivent le discours poétique comme quelque chose d'étranger, alors que pourtant le discours poétique n'est rien qu'une fonction des vivants. Car il ne vit pas, il est vécu. Mais pour ceux qui ont jamais vécu cent pages de Dostoïevski ou vécu la figure d'Odile dans *Les Affinités électives* [1] ou vécu un poème de Goethe ou un poème de Stefan George, pour ceux-là je ne dis rien de déconcertant en leur parlant de cette expérience comme de l'expérience religieuse, peut-être la seule expérience religieuse dont ils aient jamais pris conscience. Mais cette expérience est inanalysable et indescriptible. On peut la rappeler, mais non pas la faire comprendre à celui qu'elle n'affecte pas. Celui qui sait lire, lit avec la foi. Car de toute son âme il repose dans la vision. Il ne laisse rien de lui au-dehors. Pour un instant d'enchantement, tout lui est également proche, tout lui est également loin, car il sent avec tout une relation. Le passé ne peut rien lui faire perdre, l'avenir n'a rien à lui apporter. Il est, pour un instant d'enchantement, le dominateur du temps. Là où il est, tout est près de lui et tout est affranchi de toute division. La chose individuelle tient pour lui la place de beaucoup de choses car il la voit sous forme de symbole, bien plus l'Un tient pour lui la place du Tout et il est heureux sans l'aiguillon de l'espérance. Il ne s'oublie pas, il est en possession de lui tout entier et, en cet instant unique, il est égal à lui-même.

J'entends assez fréquemment qualifier des livres quelconques de naturalistes et des livres quelconques de psychologiques et d'autres de symbolistes et encore d'autres de noms qui veulent dire aussi peu. Je ne crois pas que quelqu'une de ces dénominations signifie la moindre chose pour qui sait lire. Je ne crois pas non plus qu'une autre querelle qui agite l'air ait quelque importance pour la vie intérieure des hommes vivants : je veux parler de la querelle à propos de la grandeur ou de la petitesse des poètes particuliers, des gradations parmi eux et de la question : les poètes vivants sont-ils tellement inférieurs aux morts ? Car je crois que pour le lecteur individuel, pour celui qui connaît l'expérience de la lecture, des poètes morts cheminent parmi les vivants et mènent leur seconde vie. Pour lui il y a un seul signe qui marque l'œuvre poétique : c'est qu'elle soit née de la vision. Autrement il ne se préoccupe pas de distinctions. Il n'attend pas le grand poète. Pour lui le poète est toujours grand, qui fait à son âme le don de l'incommensurable. La seule distinction qu'il établisse est celle entre les livres poétiques et les innombrables autres livres, fruits singuliers de l'imitation et de la confusion. Mais en eux aussi il honore encore la trace de l'esprit poétique et la possibilité qu'un rayon envoyé par eux tombe dans des âmes très jeunes, tout à fait frustes. Il n'attend pas que le temps trouve sa synthèse à jamais valable chez un poète éloquent, un répondeur à toutes les questions, un héraut et un défenseur. Car en lui et ses pareils, en mille points cachés, cette synthèse s'accomplit. Et comme il est conscient de porter le temps en lui, d'être quelqu'un comme tous les autres, quelqu'un qui représente tous les autres, un homme, à la fois individu et symbole, il lui semble que, là où il boit, la soif du temps doive aussi s'apaiser. Oui, tandis qu'il s'abandonne à la vision et possède le pouvoir de croire à ce qu'un poète lui fait contempler : figure humaine, matière insensible de la vie pénétrée de tendresse ou immense apparition d'une vision orphique — tandis qu'il possède le pouvoir d'intégrer à sa vie sous forme de symbole la créature la plus mystérieuse enfantée par le temps, l'œuvre née sous la pression du monde entier, ce sur quoi repose l'ombre du passé et ce qui palpite sous la poussée mystérieuse du présent — tandis qu'il intègre à sa vie le poème, création sismographique, œuvre secrète de celui qui est esclave de toutes les choses vivantes et jouet de toute pression atmosphérique — tandis qu'il éprouve dans cette création la plus intérieure du temps la félicité de sentir son Moi égal à lui-même et de flotter en sécurité dans la chute de l'existence, alors la notion du temps disparaît pour lui et l'avenir arrive vers lui comme le passé en un présent unique.

Les chemins et les rencontres [1]

Traduction de Jean-Claude Schneider.

Le vol des oiseaux est merveilleux en ces journées radieuses, et je comprends pleinement pourquoi j'ai un jour noté ces lignes : *Je me souviens des paroles d'Agur, fils d'Iaké, et des choses qu'il déclare les plus incompréhensibles et les plus merveilleuses : la trace de l'oiseau dans l'air et la trace de l'homme dans la vierge*[1]. Ces lignes se trouvent, écrites au crayon dans la marge, au milieu d'un guide de voyage, et je les ai lues voici trois jours, alors que je cherchais s'il existe une route, lorsqu'on remonte de la mer à Urbino, pour aller de là en voiture par-delà les montagnes vers Assise ou vers le lac de Trasimène[2]. Je vois que ces lignes sont de ma main, elles ont été tracées d'un dessin un peu tremblé, peut-être en voiture, peut-être en train ; mais, en réfléchissant, je ne retrouve pas d'où elles viennent. D'un livre français assez ancien, probablement. Aurais-je donc autrefois, en Ombrie, lu des livres rares, étranges ? Je n'en sais rien. Qui est Agur ? Et qui parle et dit se souvenir d'Agur ? Et pourtant j'ai écrit cela, et tout le reste est maintenant effacé, et cela seul émerge. Et quelque part en moi, auprès des choses vécues avant ma troisième année et dont ma mémoire éveillée n'a jamais rien su, auprès des mystères de mes plus obscurs rêves, auprès des pensées que j'ai pensées en cachette de moi-même, cet Agur a élu domicile — et ressurgira peut-être un jour comme un mort d'un caveau, comme un meurtrier d'une trappe, et son revenir sera étrange, mais pas plus étrange à vrai dire qu'avant-hier après-midi la précipitation de la jeune hirondelle à son retour, à travers les airs, puis par la porte entrouverte jusqu'en son ancien nid, surprenante comme un sombre éclair d'orage. Et une minute plus tard, comme un second éclair sombre, issue du sommet de l'éther à la suite de l'autre, arriva la femelle, la jeune sœur, à présent la femme. Car ils sont frère et sœur, éclos l'été dernier en ce même nid derrière la porte de notre maison. Comment savaient-ils le chemin, fondant de l'infini du ciel ? Comment connaissaient-ils parmi tous les pays celui-ci, parmi les vallées cette petite vallée, parmi les maisons cette maison ? Et en quel lieu de moi-même demeure Agur, qu'étonnait ce miracle par-dessus tous les miracles et qui ne savait rien de plus mystérieux que la trace de cette merveille, l'invisible trace de l'oiseau dans l'air[1] ?

Mais il est sûr que le chemin et la quête et la rencontre sont de quelque façon au nombre des mystères d'Eros. Il est sûr que sur nos chemins en lacet nous ne sommes pas poussés vers l'avant par nos seuls actes, mais toujours attirés par quelque chose qui, semble-t-il, toujours nous attend quelque part et toujours reste voilé. Il y a comme un désir amoureux, une curiosité d'amour, dans notre progression, lors même que nous cherchons la solitude de la forêt ou la quiétude des hautes montagnes ou bien un rivage vide au long duquel la mer, comme une frange argentée, se défait dans un faible murmure. A chaque rencontre solitaire se mêle comme une grande douceur, ne fût-ce que la rencontre d'un grand arbre isolé ou celle d'un animal de la forêt qui s'immobilise en silence et dont les yeux nous fixent dans l'obscurité. La rencontre, il me semble, et non l'étreinte, est la véritable et décisive pantomime érotique. A nul instant, comme lors de la rencontre, la sensualité n'est aussi baignée d'âme, l'âme aussi baignée de sensualité. Ici, l'élan vers l'autre est encore libre de désir, naïf mélange de confiance et de crainte. Ici réside ce qui est propre au chevreuil, à l'oiseau, à la sombre animalité, à l'angélisme pur, au divin. Un salut est une chose sans limite. Dante fit dater sa *Vie nouvelle*[1], d'un salut dont il fut gratifié. Merveilleux est le cri du grand oiseau, le son étrange, solitaire, d'avant le monde, dans la grisaille du matin, sur le plus haut des sapins, et que la femelle quelque part écoute. Ce quelque part, cette imprécision qui est cependant désir passionné, ce cri de l'étranger lancé à l'étranger est une force. La rencontre promet davantage que ne peut tenir l'étreinte. Elle semble inscrite, si j'ose dire, dans un ordre supérieur des choses, celui-là même qui préside aux mouvements des astres et à la fécondation des pensées. Mais pour une imagination très audacieuse, très naïve, en qui se mêlent indissolublement innocence et cynisme, la rencontre est déjà une étreinte anticipée. De tels regards, les bergers les attachaient à une déesse soudain dressée devant eux, et dans le regard de la déesse il y avait quelque chose qui faisait s'allumer le regard sombre du berger. Agur a raison, qu'il ait été roi ou cheik dans le désert, sagace et prestigieux négociant ou marin parmi les marins — il a raison, au soir de ses jours, assis à l'ombre de sa sagesse et de son expérience, d'enchevêtrer ensemble dans les paroles de sa bouche ces deux merveilles : le mystère de l'étreinte et le mystère du vol. Mais qui est Agur, vivant en moi depuis cette vivante parole ? Ne devrais-je pas voir effectivement en moi son visage ? Son expérience est riche et vaste, le ton de sa phrase est le ton de l'homme expert, mais détaché. Il répugne à jouer les prêtres, mais laisse tomber de temps à autre un mot qui s'enfonce, gravide et plein, dans l'oreille de qui l'entend. Je l'imagine pareil à Booz [1], qui avait une belle barbe blanche et un visage hâlé, qui allait vêtu de lin très fin, et sur les champs de blé duquel on n'interdisait pas aux pauvres de glaner les épis. Pourtant, n'ai-je pas une fois vu son visage ? Rien qu'en un rêve muet, certes, et celui dont m'apparut le visage n'avait pas de nom. Mais il me semble à présent que c'était Agur, et les paroles que ma propre écriture m'a transmises, je dois les mettre dans la bouche de celui-là dont j'ai rêvé un jour et qui, selon le rêve, était un patriarche parmi les patriarches, un roi régnant sur un puissant peuple de nomades, un peuple sans nom.

Tel était le rêve. J'étais étendu, fatigué du long chemin à travers la montagne. C'était encore l'été, mais vers la fin de l'été, et lorsque au milieu de la nuit la tempête arracha la porte du balcon et le lac s'en vint battre en mugissant avec violence contre les piliers, je me dis dans un demi-sommeil : « Ce sont les tempêtes de l'automne. » Et entre le sommeil et la veille un ineffable sentiment de bonheur afflua en moi quant à l'étendue du monde (sur ses montagnes à demi éclairées, ses vallées et ses lacs, la tempête à présent faisait rage). Je sombrai dans cette sensation comme en une vague sombre et molle et je fus aussitôt au milieu du rêve, et j'étais au-dehors, là-haut, dans la nuit fauve à demi éclairée, dans la tempête, sur la longue pente d'une grande montagne. Mais c'était davantage que la pente d'un mont, c'était un paysage immense, c'était — cela je ne pouvais le voir, mais le savais — le rebord, en forme de terrasse, d'un plateau gigantesque, c'était l'Asie. Et autour de moi il y avait, plus puissante que la tempête et remplissant la nuit fauve à demi éclairée d'une énorme inquiétude, une immense débâcle. Un peuple entier était autour de moi, et tout ce peuple s'occupait dans l'ombre à défaire ses tentes et à installer son bien sur les animaux de bât. Tout près de moi se tenaient des groupes d'hommes muets, en hâte ils chargeaient des chameaux et d'autres animaux ; mais il faisait très obscur. A mon tour je me mis à démonter une tente qui était encore debout. J'étais seul dans la tente et en arrachant les piquets de la terre, j'aperçus dans la pénombre le magnifique ouvrage qui ornait la lisière inférieure de la tente : un motif ornemental très artistique, fait de bandes de cuir brun foncé cousues sur un cuir naturel très clair. L'énorme débâcle autour de moi continuait son agitation sourde, je sentais que tout avait lieu sous l'empire d'une autorité, d'un ordre qui ne tolérait aucune contradiction. Et je sus tout à coup que la tente à laquelle je travaillais était une partie de *sa* tente, de la tente de celui qui avait ordonné le départ et dont tous les ordres étaient issus. Comme s'il devait en être ainsi, je montai sur un tas de couvertures de mulet empilées, fis glisser quelque pan de paroi et regardai à l'intérieur de la tente principale. Il y faisait plus sombre que dans celle où je me tenais. Je ne parvins à voir que progressivement, puis très distinctement. La tente était dépourvue de meuble ou de décor, rien que les parois sombres. D'un côté se trouvait, étendue sur une grande couverture, une couverture rouge foncé ou violette, une jeune femme d'une pâleur sombre, d'une beauté aussi indéfinissable que sa sombre pâleur, et un homme se dégageait de ses bras, un homme grand, hâve, qui se leva et passa devant mes yeux, traversant la tente vide vers la paroi opposée. La jeune fille — elle ne portait que de larges bracelets — leva sans rien dire ses bras vers lui comme pour le rappeler, mais il ne se retourna pas vers elle. J'avais moi-même à peine entrevu son visage, mais je savais qu'il était âgé, énergique et âgé, avec une barbe flottante partagée en deux, un turban couleur de terre autour de la tête. Mais son corps très svelte, nu jusqu'à la ceinture, ses bras longs et minces étaient ceux d'un jeune homme plein d'audace et de souplesse. Un long pagne lui ceignait les hanches, qui était du jaune le plus indicible. Je reconnaîtrai le ton de ce jaune, s'il apparaît jamais devant mes yeux. Il était plus somptueux que le jaune des carreaux de faïence de la Perse, plus étincelant que le jaune de la tulipe jaune. L'homme se tenait à présent près de l'autre paroi, la plus sombre, et il souleva un pan de rideau qui découvrit une large fenêtre. Le vent s'engouffra et rejeta sa barbe blanche partagée en deux sur ses maigres épaules couleur de terre brûlée. La belle femme se redressa, implorante, et parut l'appeler tendrement par son nom, mais l'air ne m'apporta aucun son. Je ne regardais que lui et je regardais par la fenêtre qu'il venait d'ouvrir au flanc de la tente : dehors, il y avait la nuit à demi éclairée, le pays montagneux au relief infiniment nuancé et l'agitation de tout un peuple. Et sa simple apparition dans le cadre rectangulaire de la tente, qui dominait toutes les autres tentes, provoqua un tumulte sauvage et muet dans toute cette agitation, et les nuages eux-mêmes parurent défiler plus rapidement devant la lune passablement blafarde au-dessus du pays montagneux. Cet homme, et nul autre, était Agur.

Lettres du voyageur
à son retour[1]

Traduction de Jean-Claude Schneider.

Avril 1901

Me voici donc, après dix-huit années, de nouveau en Allemagne, sur le chemin de l'Autriche, et ne sachant pas moi-même ce que j'éprouve. Sur le bateau je me forgeais à l'avance des idées, des opinions. Mes idées ont été dissipées par ce que j'ai réellement vu au cours de ces quatre mois et j'ignore ce qui les a supplantées : un sentiment lézardé du présent, un malaise diffus, un désordre interne, proche de l'insatisfaction — et presque pour la première fois de ma vie il m'arrive qu'un sentiment de moi-même s'impose à moi. Est-ce à cause de la quarantaine à présent dépassée, et quelque chose en moi s'est-il fait plus lourd et plus sourd, ainsi que mon corps, qu'étant dans les Districts je n'ai jamais ressenti et que maintenant — si ce n'est pas l'hypocondrie qui m'envahit — je commence à ressentir ? Je me faisais une idée des Allemands, et encore à l'instant où traversant Wesel j'approchais de la frontière, elle était très claire en moi : ce n'était pas tout à fait celle que les Anglais se faisaient de nous avant 70 ; avec les quelques livres que j'avais emportés, le *Werther* et *Wilhelm Meister*[1], mon image des Allemands ne se confondait pas non plus (ce qui transparaissait dans ces romans m'avait toujours semblé être un reflet, infiniment creusé, épuré, apaisé), et j'avais aussi écarté de moi l'opinion désobligeante que les Anglais font circuler à notre sujet : car un peuple ne se transforme pas au point d'en devenir méconnaissable, il ne fait que bouger comme dans le sommeil et se retourner, se contente de mettre en lumière d'autres côtés de son caractère. Et me voici au milieu d'eux depuis quatre mois, à Düsseldorf j'ai commercé avec leurs mineurs et à Berlin avec leurs banquiers, j'ai rendu visite à Gerhart dans ses fonctions, à Charlie sur ses terres, pour une expertise je me suis vu renvoyé par une autorité de Gœttingue à une autre de Giessen, ai séjourné à Brême et circulé dans Munich, ai eu affaire aux services et pouvoirs publics, ai connu vos métallurgistes et vos ouvriers, vos puissants et vos humbles — et ne sais que dire.

Que m'étais-je donc imaginé ? Que m'attendais-je à trouver ? Et pourquoi ai-je maintenant l'impression de ne plus sentir le sol sous mes pieds ? Tu peux croire que je n'en suis plus à tirer des généralités d'une expérience personnelle isolée. D'ailleurs je n'ai rencontré que gens loyaux, j'ai débrouillé mes négociations germano-javanaises mieux que je n'aurais pu le rêver, me voici libre, et certes pas plus riche, mais indépendant, ce qui importe plus. Non, il n'y a rien en moi qui me déconcerte et me tourmente et m'empêche de jouir de ma terre natale, ce n'est pas du spleen, c'est — mais comment le nommer ? C'est plus qu'une constatation, c'est un sentiment, un mélange de tous les sentiments, un sentiment existentiel — tu vois que je me torture pour recouvrer l'usage d'une terminologie qui m'est devenue pas mal étrangère au cours de ces vingt années. Mais faut-il vraiment que je devienne compliqué parmi les compliqués ? J'aimerais m'épanouir en moi, et cette Europe pourrait me ravir à moi-même ? Mieux vaut encore que je te dise cela avec des détours ou des maladresses, en évitant les termes savants. Tu me connais assez pour savoir que je n'ai eu guère de temps dans ma vie pour amasser une sagesse abstraite ou théorique. Plutôt une certaine habileté pratique à tirer des conclusions à partir des visages des hommes ou de ce qu'ils disent, ou bien à déchiffrer de façon satisfaisante une petite suite de détails imperceptibles, afin de prévoir au besoin, d'une quelconque manière, l'issue des choses lors de la conclusion d'une affaire ou lors d'une crise dans les relations que d'autres entretiennent avec moi ou entre eux. Mais de savoir théorique, comme je l'ai dit, je n'en ai presque pas, pour ainsi dire pas. Juste une ou deux ou trois phrases, ou des aphorismes, comme on voudra les nommer ; il y a des alliages de mots qu'on n'oublie pas ; qui oublie le Notre Père ? « The whole man must move at once [1] » : tu as là une de mes grandes vérités. Je ne plaisante pas, c'est une grande vérité, un aphorisme d'une grave profondeur, tout un art de vivre, même s'il n'y a là que peu de mots qui n'ont l'air de rien. Et c'est un grand homme qui me l'a transmise. C'était mon voisin de lit à l'hôpital de Montevideo, et il était de ceux qui auraient pu aller loin. Il était, pour une bonne part de lui-même, de cette trempe dont la race anglaise fait ses Warren Hastings et ses Cecil Rhodes [2]. Mais il mourut à vingt-cinq ans, non pas alors, dans le lit proche du mien, mais une année plus tard, lors d'une rechute. Il tenait cette sentence de son père, pasteur de campagne en Ecosse, qui avait dû être dur et méchant, mais un esprit profond. C'est une sentence à écrire sur l'ongle de son doigt, et on ne l'oublie plus dès qu'on l'a comprise. Je ne la prononce pas souvent, mais elle est quelque part en moi toujours présente. Il en va des vérités de cette espèce — je ne crois pas qu'il y en ait beaucoup d'une telle force et d'une telle simplicité — comme de l'organe que nous avons dans l'oreille interne, les osselets, ces petites boules mobiles : elles nous disent si nous sommes en équilibre ou non. « The whole man must move at once » — quand j'étais chez les Américains et plus tard chez les gens du Sud dans la Banda Oriental, chez les Espagnols et les gauchos, puis pour finir chez les Chinois et les Malais, quand un bon trait me sautait aux yeux, ce que j'appelle un bon trait, quelque chose dans l'attitude qui m'obligeait au respect et à davantage que du respect, je ne sais pas comment l'exprimer, ce peut être le grand style qu'ils ont parfois dans leurs affaires, je pense aux U.S., cette manière sauvage, presque insensée, et en même temps presque froide, pondérée, de se « lancer » dans une cause, ou ce peut être un certain *grand air* [1] patriarcal, la façon dont un vieux gaucho à barbe blanche se tient à la porte de sa *estancia*, tout à fait lui-même, ou bien accueille quelqu'un, la manière dont ses puissants diables de fils sautent de cheval et lui obéissent, et ce peut être encore quelque chose de très discret, un regard qui se suspend au tressaillement d'une ligne à pêcher, quand toute l'âme semble aux aguets, comme seuls les Malais savent être aux aguets, car il *peut* y avoir un grand style dans la façon dont quelqu'un pêche, et un style plus grand que tu ne peux le rêver dans la manière dont un moine mendiant au teint coloré tend sa sébile d'argile — quand quelque chose de ce genre m'arrivait, je pensais alors : chez moi ! — Tout ce qui était juste, avait une authenticité véritable, une humanité véritable, même dans les détails et les futilités, cela semblait me montrer : *là-bas.* Non, ma langue maladroite de nouveau ne dit pas la vérité de mon sentiment : cela ne me désignait pas cet au-delà, ne me faisait pas me souvenir de là-bas, ce n'était ni un ici ni un là-bas, surtout pas une dualité, que je ressentais : c'était l'un dans l'autre. Tandis que ces choses frappaient mon âme, j'avais l'impression de lire le livre diapré de la vie, mais ce livre traitait constamment de l'Allemagne. Je ne pense pas être un rêveur, et si, enfant peut-être... j'en fus un, je n'ai eu aucunement pendant ces dix-huit années le temps d'en être un. Ce n'est d'ailleurs pas de rêveries que je te parle, mais de quelque chose de foudroyant qui était là, tandis que je vivais, et souvent en des instants où ma pensée et tous mes nerfs étaient aussi tendus que possible par la vie. Afin de m'exprimer au moyen d'un exemple qui est certes presque banal : c'est comme boire de l'eau du puits. Tu sais qu'enfant j'étais presque toujours en Haute-Autriche à la campagne, puis, après ma dixième année, l'été seulement. Or chaque fois qu'à Kassel, au cours des hivers d'école, ou bien là où j'allais avec mes parents, je prenais une gorgée d'eau fraîche — non comme on boit lors des repas, avec indifférence, mais lorsqu'on a très chaud et qu'on est desséché et qu'on désire de l'eau — chaque fois j'étais, l'espace d'un éclair, dans ma Haute-Autriche, à Gebhartsstetten près de la vieille fontaine. Je ne pensais pas à eux — *j'y étais*, détectant dans cette eau le goût des tuyaux de fer, sentant passer sur tout mon visage l'air de la montagne et en même temps l'odeur d'été de la route de campagne poussiéreuse — bref, je ne sais comment cela avait lieu, mais je l'ai trop souvent éprouvé pour n'y pas croire, et je me donne donc pour comblé. — Encore à New York et à Saint Louis il en fut de même, puis sans doute à La Nouvelle-Orléans déjà et ensuite plus loin vers le sud cela disparut : l'air et l'eau y étaient par trop différents de ce qui sortait du tuyau à Gebhartsstetten, soufflait par-dessus les haies — or l'air et l'eau sont de grands seigneurs et ils font de l'homme ce qu'ils veulent. Mais cette digression ayant trait au boire ne devait être qu'un exemple. De même qu'une gorgée pouvait me transporter par miracle près de la vieille fontaine de Gebhartsstetten, de même *étais*-je en Allemagne toutes les fois qu'en Uruguay ou à Canton ou en dernier dans les îles quelque chose me touchait l'âme, il y suffisait du regard d'une fille incroyablement belle, comme celles qui grandissent dans les métairies solitaires des gauchos, ou de la frugalité touchante d'un vieux Chinois, ou de petits enfants nus et bruns dans l'étang du village. Car on accumule beaucoup d'expériences, et pour la plupart les sens y mettent un terme, ou bien les nerfs et la volonté, ou encore la raison ; mais ce qui doit toucher l'âme, cela ne se laisse pas prévoir, que ce soit l'essor solitaire d'un oiseau tropical au-dessus d'une combe déserte, ouverte en forme de lyre, ou les manœuvres d'un bon bateau au milieu d'une mer démontée, ou le regard d'un singe mourant, ou une brève et franche poignée de main. Toutes ces choses, quand elles avaient lieu et pénétraient au plus intime de mon être, parlaient de l'Allemagne avec une évidence et une force bien au-dessus de celles dont disposent ces signes écrits pour te parler de moi. Bien plus, quand elles m'*atteignaient*, j'*étais* en Allemagne. C'est ainsi, et il n'y a point de rêverie là-dedans. Et pourtant — dans deux semaines j'irai à Gebhartsstetten et je puis être à peu près certain de retrouver la fontaine avec son paisible millésime de 1776 en chiffres baroques de l'époque de Marie-Thérèse — elle y sera et m'offrira son murmure, et le vieux noyer penché, fendu par la foudre, dont les feuilles poussaient plus tard qu'à tous les autres arbres et qui les abandonnait à l'hiver avec plus de regret que tous les autres, celui-là, avec son inclinaison et son âge, fera un signe quelconque pour me dire qu'il me reconnaît et que je suis de nouveau là et que lui est là comme toujours — mais me voici depuis quatre mois en Allemagne, et pas une maison, pas un coin de terre, pas une parole prononcée, pas un visage humain, si je veux être sincère, rien ne m'a adressé ce signe. Cette Allemagne que je parcours, où je commerce, fais des démarches, mange avec des gens, joue l'homme d'affaires cosmopolite, l'étranger qui connaît le monde — où *étais*-je chaque fois que je croyais être dans ce pays qu'on aborde à travers le miroir du souvenir, où *étais*-je dans ces instants où mon corps seul cheminait au milieu des gauchos ou des Maoris ? Où *étais*-je ? Puisque ceci est l'Allemagne, je n'étais pas en Allemagne. Et cependant en moi-même je lui donnais ce nom. C'était que je l'abordais justement à travers le miroir mélancolique du souvenir — quand il m'était donné d'y aborder. C'était — c'étaient des hommes et des femmes, des filles, des vieillards et des adolescents. C'était davantage un pressentiment qu'une présence, comme le souffle venu des profondeurs de l'âme, de l'être et de l'insaisissable. C'était le réflexe le plus immatériel — comme ce mot est de signification nulle en regard d'une expérience, d'une crise intérieure chaque fois plus forte que la volupté, aux limites plus pures, plus fragiles qu'une simple prière enfantine, sûre d'apporter l'élévation —, le réflexe d'innombrables virtualités de vies tressées ensemble. C'était l'exhalaison la plus subtile de toute une existence, de l'être allemand. Je ne puis te dire cela mieux, malgré mon désir. Le détail, l'impulsion, venait de l'extérieur. J'étais seulement comme un clavier que joue une main étrangère. Mais il y avait en moi quelque chose, un soulèvement de vagues, un chaos, un monde non parvenu à naître, et des figures pouvaient en émerger, qui étaient des figures allemandes. Cela tenait de la vierge et de l'homme vieilli, c'était l'aisance et la stabilité, et de nouveau la pauvreté affreuse sans toit de paille au-dessus de sa tête ; c'était juvénile existence et amitié sans limites, espoir sans limites ; solitude engourdissante, visage blême, tourné vers les astres muets ; c'était vie amoureuse, anxiété, attente, atermoiement, torture réciproque, étreinte, virginité et sacrifice de la virginité ; c'était : avoir un champ, avoir une maison, avoir des enfants, des enfants se baignant au ruisseau, se baignant sous les peupliers, sous les saules ; c'était : mondanité et solitude, amitié, tendresse, haine, souffrance, bonheur, couche ultime, dernier sommeil, mourir. C'étaient des figures allemandes qui se condensaient dans ces apparitions magiques — non, c'était une vapeur plutôt que des apparitions — et aussitôt se dissolvaient à nouveau, des gestes allemands parcimonieux, je ne sais quelle émanation très profonde du pays natal. Leur force et leur faiblesse, leur rudesse et leur douceur venaient à la fois vers moi et je pouvais en jouir, pouvais jouir de ces créatures et de la vie de ces créatures, en rêvant à ce qui avait été perdu, ou en pressentant, en anticipant des joies du réel que j'avais l'illusion de croire réservées. Et chacune de ces créatures qui m'apparaissait — non, car je ne suis point un visionnaire et mes affaires ne me permettraient aucune hallucination — dont le souffle spirituel me caressait comme la plus fugitive promesse d'une exquise rencontre à venir, chaque image de femme, de vieillard, d'homme, d'adolescent, d'homme riche et de Lazare pauvre, chacune était d'une seule coulée et portait en elle la vérité interne à laquelle je la mesurais. « The whole man must move at once » — telles elles étaient, filles au regard de colombe ou hommes instables, les yeux ivres de pensers infinis, ou vieillards pardonnant, juges irrités aux sourcils de lions. Elles étaient d'une seule coulée. En un *unique* geste elles m'apparaissaient, et aucune ne demeurait plus longtemps auprès de moi que l'espace d'un éclair qui tressaille et s'éteint, car, n'étant pas un rêveur éveillé, je n'engageais aucun dialogue avec les fantômes de mon imagination. Mais dans l'*unique* geste par lequel elles m'approchaient et me traversaient, elles étaient *entièrement*. Dans chaque regard de leurs yeux, dans chaque inflexion de leurs doigts, elles étaient *entièrement*. Elles n'étaient pas de celles dont la main droite ignore ce que fait la gauche. Elles étaient une en elles-mêmes. Et tels — ou bien, depuis quatre mois, le plus pervers, le plus complexe, le plus tenace de tous mes mauvais rêves se serait joué de moi, les yeux grands ouverts — tels ne sont pas les Allemands d'aujourd'hui.

22 avril 1901

Je ne sais en vue de quoi les gens vivent, c'est cela, et plus j'évolue dans leur société, moins je le sais. Ils sont sérieux, ils sont capables, ils travaillent comme aucune nation au monde, ils réussissent l'incroyable — mais il n'y a aucune joie à vivre parmi eux. Dire que j'ai été dix-huit années absent, que me voici de retour, et que je dois écrire cela ! Est-ce que je me trompe ? Combien j'aimerais me tromper ! Je négocie, et je fréquente, et on m'accueille avec amabilité, et je prends part à des dîners, et on m'invite à la campagne, et je vois des hommes âgés et des hommes jeunes, des parvenus et des fils de famille, des hommes en poste et des hommes pourvus d'une fortune immense et neuve, des êtres qui attendent encore beaucoup de la vie, et des êtres qui en ont terminé avec elle, et je ne puis en retirer aucune joie. Moi qui trouve tant de plaisir à la présence d'un homme ! J'aime tant respecter ! Ne va pas imaginer que je ne respecte pas leurs exploits, il faudrait que je sois un sot. Mais eux-mêmes, les hommes — les hommes allemands ! Et j'éprouve ce faisant une impression de malaise : je ne parviens pas à les saisir. Non qu'ils soient renfermés ou secrets, j'en ai connu bien d'autres exemples sous les latitudes australes — et quand bien même : un visage fermé et un visage secret parlent aussi leur langue, et c'est par son refus de se laisser saisir que je saisis un être de cette sorte. Mais ici — ici, il n'est question ni de dissimulation ni d'intention, et ce n'en est que pire. Où me faut-il chercher la nature d'un être, sinon dans son visage, dans ses propos, dans ses gestes ? Mon Dieu, dans leurs visages, leurs gestes, leurs propos, je ne trouve pas les Allemands actuels. Comme je rencontre rarement un visage qui parle une langue forte, décidée ! Les visages, pour la plupart, sont si effacés, si dépourvus de liberté, tant de choses y sont inscrites, et tout cela sans netteté, sans grandeur. Il m'arrive quelquefois de désirer voir le visage d'un Indien au sang mêlé ou celui d'un portefaix chinois. J'avais récemment, à cause d'une affaire en litige, été recommandé au premier président d'un des plus hauts tribunaux. Le vieux monsieur était affable et loquace, mais son visage âgé de personnage nerveux et faible et cette nuance ironique d'homme du monde dans son ton, comme pour montrer qu'il n'était pas un pédant, me vexèrent à ce point que je lui répondis à peine de façon convenable. Un mot anglais, ces derniers temps, ne me sort pas de tête, celui dont ils honoraient leur vieux Gladstone[1]. *Grand old man!* Et un juge, un juge suprême parmi les Allemands ! Mes rêves ! Je voudrais rencontrer quelqu'un qui serait, dans l'âme, un vieil homme imposant. Mais tout cela est si effacé, pêle-mêle, confus : chez les garçons il y a du vieillard déjà ; chez le bien portant, du malade ; chez le noble, du vil. Et leurs gestes sont en tout conformes à cela. Tout s'y mêle dans la confusion. Là où les manières sont à leur place, ils montrent Dieu sait quelle familiarité pleine de bonhomie, pour tomber ensuite, de ce ton chaleureux, dans une telle sécheresse, une telle trivialité, que cela vous fait mal ; veulent-ils au contraire se donner de grands airs, ce n'est alors que fausse solennité, affectation inquiète, qui rendent l'étranger froid et perplexe. J'ai fait durant ma vie peu attention à ces choses — n'ai-je pas en réalité, au milieu des gardeurs de chevaux au sang mêlé et des insulaires nus, été si comblé que je me sens pris de malaise parfois dans les salons d'ici et les salles de banquet ou de conférence ? Mais je n'en parlerais pas, me dirais que je suis par trop sensible, si tout n'était aussi uniforme, aussi impitoyablement uniforme. Chaque pays a son odeur particulière, et chaque paysage, chaque ville, chaque quartier d'une ville ; l'Andalousie aussi bien que Whitechapel, Hambourg aussi bien que Tahiti. Ici me poursuit comme une odeur spirituelle, quelque chose de précis, mais qui n'a pas de nom et est à peine dicible : un sentiment de présence, de présence germano-européenne — pourquoi ai-je dit « me poursuit » ? — pourquoi pas « m'emplit » ? C'est pourtant la première inspiration qui est la vraie. La manière dont ils disent bonjour et te raccompagnent à la porte, dont ils portent un toast et parlent d'affaires, dont ils écrivent dans leurs journaux et construisent les nouveaux quartiers de leurs villes — tout est sur le même moule. Je veux dire que ceci est assorti à cela : car, *en soi,* rien de ce qu'ils font et disent n'est d'une seule coulée : leur main gauche ignore véritablement ce que fait leur droite, les pensées de leur tête ne répondent pas aux pensées de leur cœur, celles de leur profession à celles de leur savoir, leur façade aux escaliers de service, leurs affaires à leur tempérament, leur attitude publique à leur vie privée. C'est pourquoi je t'ai dit que je ne peux les trouver nulle part, ni dans leur visage, ni dans leurs gestes, ni dans les paroles de leur bouche : parce que la totalité de leur être non plus n'est nulle part, parce que en vérité ils ne sont nulle part. Un visage d'homme, c'est un hiéroglyphe, un signe sûr, sacré. Une présence de l'âme y séjourne, pareillement chez l'animal — regarde un buffle en face, quand il mâche ou, de colère, roule un œil injecté de sang, et puis regarde un aigle en face, un bon chien. Dans un visage humain il y a un vouloir et un devoir, qui sont davantage que le vouloir et le devoir d'un individu. Ce sont ces visages-là que les Allemands avaient dans mes rêves, dont chacun était plus bref qu'un souffle ; en réalité je ne regardais pas toujours en face les inconnus qui me frôlaient, parfois j'entendais leurs propos, ou mon âme elle-même allait vagabonder l'espace d'un éclair dans leurs paroles, j'avais alors l'impression de voir *ces* visages de l'intérieur. « Je ne puis autrement », était écrit sur leur visage. Et depuis quatre mois je regarde les visages des êtres réels : non qu'ils soient dépourvus d'âme, il n'est point rare qu'en jaillisse quelque lueur d'âme, mais cela s'évanouit aussitôt, mais c'est une éternelle apparition et disparition, comme dans un colombier, de force et de faiblesse, de spontanéité et de causes lointaines, de vulgaire et de sublime, tant de virtualités en effervescence ; ce qui leur fait défaut, c'est une grande, une unique arrière-pensée, à jamais inexprimable, celle qui, constante, habite les bons visages, renvoie à la mort et au-delà de la mort, comme un guide, à travers la confusion de la vie, et sans laquelle un visage pour moi n'est pas un hiéroglyphe, ou en est un, mutilé, effacé, flétri. Et il en va pour moi de leurs paroles comme de leur visage. Là encore il y a quelque chose de précaire, d'incertain. Là encore j'ai toujours l'impression qu'ils pourraient aussi bien dire autre chose et qu'il est indifférent qu'ils aient dit ceci ou cela. Il me semble qu'ils pensent toujours à plusieurs choses à la fois. Mais cette grande, inqualifiable arrière-pensée qui donne à tout ce qui provient d'une bouche humaine sa substance et sa résonance, qui fait d'une parole une parole humaine, de même que la grive a son chant, et la panthère sa voix, et dans cette voix toute l'entité, réfractaire aux mots, de son existence — faut-il que je retourne en Uruguay ou plus bas vers les îles des mers australes pour entendre à nouveau sur des lèvres humaines ce son humain qui, dans un simple mot d'adieu, dans une formule d'hospitalité, dans une question, dans une dure parole de refus, sait inclure parfois toute la nature humaine et me dit que je ne suis pas seul sur la vaste terre ? Car pourquoi parler de paroles et pourquoi parler de visages : il y a l'homme et rien que l'homme. Quand je rêvais de mes Allemands, c'était d'hommes avant tout. Et si je veux que les hommes ne me deviennent pas insupportables, j'ai besoin de sentir ce pour quoi ils vivent. Je n'exige pas de quelqu'un qu'il porte sur la langue les mystères de son existence et converse avec moi du vivre et du mourir et des quatre choses dernières, mais sans les mots il doit me le dire, son ton doit me le dire, sa stature, son visage, ses actes. Quand je mange et bois avec lui, dors sous son toit et traite avec lui, je veux apprendre quelles sont ses ambitions, mais sans mots énonçables, *implicite*, non *explicite*. Je veux en faire l'épreuve avec des bandits et des chercheurs d'or, avec des forçats, avec les sans-abri de New York, avec qui tu veux. Je peux m'accommoder d'un qui, par fièvre, mange des milliards de dollars et d'un autre qui se baigne, va à la pêche, dort sur une natte garnie de plumes de pigeon, laisse sa femme vaquer aux travaux des champs ; d'un pour qui le comble est une bouteille de rhum, d'un autre qui veut transformer en saints du christianisme les passagers d'un entrepont. Mais je ne peux m'accommoder de qui ne sait pas lui-même sur quoi il s'est installé, se repose sur la vie comme un polype, se nourrit par un tentacule de ceci, par un autre de cela, chaque membre ignorant l'autre, et, quand on lui en coupe un, s'éloigne en se traînant comme si de rien n'était. Les Allemands, ainsi, restent prostrés, ayant un « d'une part » et un « d'autre part », leurs affaires et leur sensibilité, leur progrès et leur fidélité, leur idéalisme et leur réalisme, leurs points de vue et leur point de vue, leurs brasseries et leurs monuments d'Arminius [1], leur respect et leur germanité et leur humanité, et ils vont troubler les caveaux des empereurs comme si c'étaient des boutiques pleines de vieux bric-à-brac, ils arrachent Charlemagne à son cercueil et photographient l'étoffe enroulée autour de ses ossements, ils restaurent leurs vénérables cathédrales en brasseries et piétinent du talon les visages de Chinoises à demi assommées. Il y a de l'impiété dans tous ces actes — je ne vois pas d'autre mot. Peut-être suis-je moi-même une créature pieuse ? Non. Mais il existe aussi une piété de la vie, elle habite le paysan avare, ladre et endurci, elle peut encore habiter le *desperado* sans scrupule qui vole des chevaux, elle habite le dernier des matelots, elle n'est pas incompatible avec la pire scélératesse, et même le culte de la bouteille de gin peut être une sorte de foi. Mais ici, au milieu des Allemands cultivés et riches, ici je ne puis me sentir à l'aise [2]. Une petite fable toujours m'a paru niaise, que je comprends aujourd'hui tout à coup : celle de l'homme des bois qui avait peur et s'enfuyait dans sa forêt lorsqu'il voyait le paysan dont la bouche dispensait, tour à tour, le feu et la glace, comme si cela était tout naturel. Moi aussi, plus d'une fois, je suis envahi par cette peur. Mais où est ma forêt, dans laquelle je me sentirais chez moi ?

9 mai 1901

Ne crois pas que je n'estime point leurs réussites. Mais que les Allemands travaillent, le monde entier le sait : en revenant, je pensais voir comment ils vivent. Or me voici, et comment ils vivent, je ne le vois pas, mais je les vois vivre, et je n'en retire aucun agrément. Ils sont riches, ils sont pauvres, et quand tu heurtes le riche, le pauvre, ni l'un ni l'autre ne rendent un son pur. Il y a des aristocrates et des subalternes, il y a des prétentieux et des modestes, il y a des savants et il y a ceux qui vivent du journal de la veille ; et les uns crèvent comme des bulles, les autres s'aplatissent, les uns se croient quelque chose, les autres sont honteux : mais rien de tout cela ne rend un son pur. Ils ont un haut et un bas, un côté meilleur et un côté pire, plus grossier et plus subtil, une droite et une gauche, un sens du dévouement et un sens de l'agressivité, des relations bourgeoises et des relations nobles, des cercles universitaires et des cercles financiers : mais ce qui leur manque à tous, ce sont des relations véritablement solides : rien en eux ne s'accroche dans l'autre — quelque chose leur fait défaut, dont je ne sais trouver le terme exact, mais qui est dans la nature de l'Anglais, tant c'est majestueux et complexe, et dans la nature du Maori, tant cela est enfantin et spontané : ce qui fait la communauté, tout ce qui est primitif en elle, ce qui a son siège dans le cœur. En réalité — peut-être me trompé-je — c'est toujours ce que je me dis — il en est peut-être de ces choses comme d'une serrure à secret : il faut peut-être, pour rendre justice à ce monde abondamment lézardé, posséder une prédisposition intérieure, une culture. Or la culture, au sens européen, actuel, de ce mot, je ne l'ai pas — pourtant, en ce domaine justement, remonte en moi du peu que j'ai jamais appris, qui m'est resté en mémoire par-ci par-là, quelque chose dont je ne puis faire le tour : la manière dont ces hommes — dans les livres, fragments de livres latins et grecs, qu'on nous donnait à lire, écoliers —, mourant, baignés de leur sang, au soir de la bataille, clamaient le nom de leur ville natale, se délectaient, dans leur triomphe et leur fermeté devant la mort, de ces sonorités : *Argos meminisse juvabat*[1] — de quel texte est tirée cette bribe ? Que vient faire tout cela avec notre monde, avec ici, avec aujourd'hui, avec moi ? et pourtant, pourtant : c'était *ainsi* que je disais « l'Allemagne ! » — peut-être pas le mot lui-même, mais l'âme du mot ! C'était ainsi que je disais « l'Allemagne ! » aussi longtemps que j'étais loin d'Allemagne. Et puis là-bas, à Gebhartsstetten, mon père avait un carton de gravures sur cuivre d'Albert Dürer. Comme il nous les montrait souvent, à moi, à ma sœur et à mon frère qui moururent tous deux si prématurément. Combien ces vieilles feuilles m'étaient à la fois familières et étrangères, combien rebutantes et chères à la fois ! Les êtres humains, les bœufs, les chevaux, comme taillés dans le bois, comme de bois les plis des vêtements, les plis sur les visages. Les maisons pointues, les biefs tortueux, les rochers et les arbres rigides : si irréels, si surréels. Parfois je tourmentais mon père pour qu'il fasse apporter le carton. Et parfois il était impossible de me faire regarder un dessin de plus, je m'enfuyais au beau milieu et on me grondait. Je ne pourrais pas, même aujourd'hui, dire si le souvenir de ces feuilles noires, fascinantes, m'est cher et précieux, ou bien odieux. Mais elles me touchaient, une force venue d'elles me pénétrait, et je crois que sur mon lit de mort je serai encore en mesure de dire quel est le fond du *Monstre marin* ou de *L'Ermite à la tête de mort*. « C'est la vieille Allemagne », disait mon père, et ce mot avait pour moi un son presque lugubre, il me fallait songer à un vieil homme, comme ceux qui figuraient sur ces gravures, et pour montrer que je savais ma géographie et connaissais le monde, je demandais : « Y a-t-il aussi un livre dans lequel on puisse voir la vieille Autriche ? » Alors mon père disait : « Cela, en bas, c'est à coup sûr l'Autriche » (la bibliothèque se trouvait dans la chambre de la tour, et en bas s'étendaient le village et les collines et, par-ci par-là, les petits bois appartenant aux communes et à des paysans particuliers, et entre les collines la rivière et ses méandres, et la route blanche, et dans le lointain les vignobles bleus au-dessus des grandes forêts distantes et ténébreuses), « et nous sommes des Autrichiens, mais nous sommes aussi des Allemands, et comme le sol appartient toujours aux hommes qui y habitent, ici c'est aussi l'Allemagne. » Cela créait une sorte de relation entre les images du carton et le pays lumineux dans la terre duquel je me creusais des trous, à la recherche de taupes ou de pierres scintillantes, dans les eaux et mares duquel je me baignais, dont je buvais toutes les odeurs quand, sur le haut de la charrette de foin, aplati près de la perche, je franchissais la porte de la grange. Cette relation entre une réalité et l'impression produite par les images, une demi-frayeur, une sorte de cauchemar, était suffisamment étrange. Mais étranges, profondes aussi, sont les choses qui nous arrivent au cours de l'enfance. Je ne pensais certes pas consciemment à ces vieilles figures quand j'allais avec le valet de ferme faire les foins, ou pêcher des poissons et des écrevisses avec les petits villageois, pas davantage quand je servais la messe le dimanche à l'autel et que derrière moi, montant des bancs, les voix paysannes allaient heurter la voûte lumineuse, que l'orgue intervenait, que le son me retombait sur le dos comme un torrent, un son nullement terrestre, et moins encore lorsque, sachant les amourettes de toutes les filles, je rôdais le soir, mi-timide, mi-polisson, devant les fenêtres, m'introduisais auprès des parents et goûtais avec eux le vin nouveau — inconsciemment, pourtant, je peuplais au moyen des gestes d'ombre de ces ancêtres surréels les endroits solitaires de la forêt, les pentes herbeuses aux grands blocs de pierre, le cloître à moitié en ruine derrière l'église, plus ancien que l'aimable petite église elle-même, et l'éternel clair-obscur des recoins dans les vastes chambres des vastes fermes, là où l'aïeule ou un vieillard paralysé étaient assis, semblaient encore être assis, quand on les avait enterrés l'automne précédent en jetant sur le cercueil, blanches, mauves et rouges, des couronnes d'asters. Le comportement de ces êtres d'apparence si robuste, qui n'étaient plus là, allait de pair avec le comportement de ceux avec qui je mangeais et buvais, grimpais dans le poirier, menais les chevaux à l'abreuvoir, allais à l'église, tout comme les vieilles histoires de brigands, d'ermites et d'ours allaient de pair avec le paysage, comme la légende de Geneviève, la comtesse palatine, se confondait en moi avec le visage d'ange blond d'Amalie, la jolie fille du boucher[1].

Ces vieilles images étaient à mes yeux toutes différentes de la réalité : mais il n'y avait de place pour aucune fissure. Ce vieux monde était plus pieux, plus noble, plus doux, plus audacieux, plus solitaire. Et dans la forêt, sous la nuit étoilée, dans l'église, des chemins conduisaient à lui. Les outils n'étaient pas les mêmes, les costumes étaient singuliers, les actes étaient au-dessus de la réalité. Mais ce je ne sais quel niveau profond dans le comportement, qui se situe encore derrière les actes : le rapport avec la nature, ou, pour l'exprimer plus sèchement, le rapport avec la vie : dans quelle mesure il est raidissement, dans quelle mesure soumission, là où il s'agit de se révolter, là où il convient de se rendre, d'être impassible, là où une parole sèche s'impose, ou bien l'exubérance et le divertissement : cet élément essentiel, ce réel derrière le quotidien, ce que les actes simples de la journée expulsent hors de l'homme, comme l'arbre expulse son âpreté et sa douceur, écorce et feuille et pomme — voilà, voilà ce que possède ce monde mien, et comme le savent ces gravures, je le sais moi-même aujourd'hui et le savais jadis : car il était dans ma nature de mesurer le réel à quelque chose en moi, et presque instinctivement je mesurais tout à ce monde magique, d'une hauteur terrible, frottais tout à cette pierre de touche pour savoir si c'était or ou piètre mica jaunâtre.

Et devant le tribunal de ces enfantillages, dont au

fond de mon être je ne me suis pas délivré, je traîne la grande Allemagne et les Allemands actuels, je vois qu'ils ne se justifient pas et je ne puis passer outre.

Je croyais rentrer au pays, et pour toujours, mais je ne sais à présent si je resterai. Si tu avais encore ton poste outre-mer, et non à Londres où je n'aimerais pas être — il se peut, cher ami, que je fusse allé te rejoindre. Car j'ai peu de proches au monde — « peu » est un euphémisme, je n'ai personne. C'est à vrai dire la première fois que cela me pèse tant sur le cœur. Et j'aimerais ne pas mourir dans cette Allemagne. Je sais que je ne suis pas vieux et ne suis pas malade — mais là où on n'aimerait pas mourir, on ne doit pas vivre non plus.

Autrefois je pensais toujours que cela viendrait m'enlever à l'improviste au milieu d'une vie précipitée, et qu'alors n'importe quel lieu est le bon. Le grand hôpital de Montevideo avec ses grosses araignées au plafond et les nombreux hommes délirants dans les lits, et telle religieuse espagnole d'une incroyable beauté, dont le visage glissait au-dessus de tous les visages mourants levés vers elle comme vers une lune douce — et l'infirmerie militaire, belle et propre, à Surabaja, avec ces arbres pleins des plus magnifiques oiselets devant les fenêtres — et puis encore quelques endroits à l'aspect étrange, prémonitoire : bord de marécage jaune, silencieux et sournois, petit emplacement silencieux dans la forêt, versant silencieux aux rochers gris, impraticables — mais j'ai la conviction à présent que cela aura lieu autrement, au repos, dans mon propre lit, peut-être avec lenteur. Alors j'imagine une manière d'être résolu, d'être recueilli. Or personne ici n'est recueilli, personne n'est résolu à cet instant de la fin. J'imagine des regards, les regards de ce moment ultime, contemplant l'espace par une fenêtre paisible. Non, il ne faut pas que ce soit ici. Ce n'est pas rassurant ici. J'ai l'impression d'être dans une grande auberge sans joie, sans calme. Qui souhaiterait mourir dans un hôtel, s'il peut l'éviter ?

Toutefois, je ne sais pas encore où je peux aller. Et puis il y a auparavant tant d'affaires à régler, et de toute façon je veux revoir une fois encore l'Autriche auparavant. Je dis « auparavant », car je doute d'y demeurer.

26 mai 1901

Ma vie a été totalement dépourvue de bons moments jusqu'à maintenant, et peut-être ne le sais-je que depuis certaine petite aventure que j'ai eue voici trois jours — mais je veux essayer de raconter les faits dans l'ordre : encore que tu ne puisses pas retirer grand-chose de mon récit. Bref, je devais me rendre à une conférence, la dernière, décisive, d'une suite de discussions qui avaient pour but de rapprocher la société hollandaise pour laquelle je travaille depuis quatre années et une société anglo-germanique déjà existante, et je savais que ce jour serait déterminant — d'une certaine façon aussi pour ma vie à venir — et je n'avais aucune prise sur moi-même, oh ! comme je manquais d'emprise sur moi-même ! De l'intérieur je sentais la maladie venir en moi, mais ce n'était pas dans mon corps, je le connais trop bien, mon corps. C'était la crise d'un malaise interne ; ses accès antérieurs, il est vrai, avaient été aussi imperceptibles qu'il est possible ;

qu'ils avaient somme toute été réels, qu'ils étaient liés néanmoins à ce vertige présent, je le compris alors en un éclair, car nous comprenons bien davantage en de telles crises que dans les instants ordinaires de la vie. Ces prémices avaient été d'infimes, d'absurdes mouvements de contrariété, tout à fait négligeables, presque des déviations et incertitudes passagères de la pensée ou du sentir, mais à coup sûr quelque chose de tout nouveau en moi ; et je crois bien, pour insignifiant que soit tout cela, n'avoir jamais rien ressenti de tel, sinon depuis ces quelques mois où je foule à nouveau le sol européen. Quoi, énumérer ces accès occasionnels d'un presque rien ? Il le faut, de toute façon — ou bien je dois déchirer cette lettre et taire le reste à jamais. Il arrivait parfois, le matin, dans ces chambres d'hôtels allemands, que la cruche et la cuvette — ou un coin de la chambre avec la table et le portemanteau — m'apparaissaient si irréels, si totalement dépourvus de réalité, malgré leur indescriptible banalité, presque fantomatiques et en même temps provisoires, en attente, qu'ils se substituaient en quelque sorte, pour un instant, à la cruche réelle, à la cuvette réelle emplie d'eau. Si je ne te connaissais pas comme un homme à qui rien ne semble grand ni petit ni surtout entièrement absurde, je n'irais pas plus loin. D'ailleurs, il me suffirait peut-être de ne pas expédier la lettre. Mais : c'était ainsi. Dans les autres pays, de l'autre côté, même dans mes moments de plus grande misère, la cruche ou le seau avec l'eau plus ou moins fraîche du matin avaient une certaine évidence et en même temps de la vie : des amis. Ici, ils étaient, on peut dire, des fantômes. Il émanait d'eux, quand on les regardait, un vertige léger, désagréable, mais nullement physique. Je pouvais alors m'approcher de la fenêtre et renouveler la même expérience avec les trois ou quatre fiacres à l'arrêt, qui attendaient de l'autre côté de la rue. C'étaient des fantômes de fiacres. Les regarder provoquait un discret malaise, d'une durée presque nulle : on eût dit un flottement momentané au-dessus d'un gouffre sans fond, de l'éternellement vide. Un phénomène analogue (tu peux penser que je ne prêtais pas une grande attention à ces tressaillements fugitifs) pouvait survenir à la vue d'une maison, ou de toute une rue : ne va pas imaginer toutefois de tristes maisons en ruine, mais ce qu'il y a de plus commun parmi les façades d'aujourd'hui ou d'hier. Ou encore quelques arbres, ces quelques arbres maigres mais soigneusement entretenus qu'ils laissent çà et là dans leurs squares, pris dans l'asphalte, protégés par des grilles. Je pouvais les regarder et je savais qu'ils me rappelaient des arbres — n'étaient pas des arbres — et, en même temps, un frémissement me traversait, qui partageait en deux ma poitrine comme une haleine, le souffle, si indescriptible, du néant éternel, de l'éternel nulle part, une exhalaison non de la mort, mais de la non-vie, indescriptible. Puis cela se produisit en chemin de fer, de plus en plus souvent. J'ai beaucoup voyagé en chemin de fer, ces quatre derniers mois, de Berlin jusqu'au Rhin, de Brême en Silésie, en long et en large. Cela pouvait alors se déclencher, sous l'éclairage le plus ordinaire, à trois heures de l'après-midi, n'importe quand : petite ville à gauche ou à droite du rail, ou village, ou usine, ou le paysage tout entier, collines, champs, pommiers, maisons dispersées, c'était égal ; cela empruntait un visage, un air particulier, ambigu, tellement empli d'incertitude profonde, d'irréalité méchante : tant cela était vain — si fantomatiquement vain... — J'ai, mon cher ami, passé deux mois et demi de ma vie dans une cage, d'où je n'avais d'autre perspective que celle d'un enclos vide avec, entassé à hauteur d'homme, du fumier de buffle à moitié desséché, au milieu duquel une bufflonne malade tournait en rond jusqu'au moment où, ne pouvant plus se traîner, elle resta là entre la vie et la mort : et pourtant, cet enclos, l'amas de fumier gris-jaune, la bête gris-jaune, agonisante, quand j'y portais mes regards et quand j'y repense aujourd'hui — la vie les habitait encore, la même qui habite aussi ma poitrine —, et ce monde où par moments, de la fenêtre du train, je peux plonger mes regards, quelque chose l'habite — je n'ai jamais frémi devant la mort, mais je frémis devant cela qui l'habite, devant pareille non-vie. Or ce n'est sûrement rien d'autre que le mauvais œil dont je suis parfois nanti, une sorte de léger empoisonnement, une infection secrète, insidieuse, qui semble, dans l'atmosphère européenne, réservée à qui revient de loin après qu'il a été longtemps, peut-être trop longtemps absent. Que mon mal était de nature européenne, j'en pris conscience (en ces domaines tout n'est qu'intuition, la plus inexplicable, la plus soudaine) au moment même où je m'aperçus que cela s'était reporté vers l'intérieur et que moi-même, à présent, ma vie intérieure, étions exposés à ce mauvais œil comme l'étaient, dans mes précédents accès, ces objets extérieurs. A travers mille sentiments ou embryons de sentiments confus, simultanés, ma lucidité s'aiguisait davantage, dans le dégoût et le vertige : j'ai dû au cours de tels instants, je crois, repenser une fois encore tout ce que j'avais pensé depuis mon premier contact avec l'Europe, et aussi tout ce que j'avais refoulé.

Je ne peux aujourd'hui exprimer clairement le tourbillon qui a traversé tout mon être : mais le dégoût que m'inspiraient mon travail et l'argent même que je gagnais, flottait à la surface de l'agitation excessive et à la fois muette de mon Moi bouleversé, comme du bois à la dérive sur la crête d'énormes vagues dans les mers australes : des exemples, j'en avais accumulé par milliers : comment ils en venaient à oublier la vie elle-même au profit de ce qui devrait être seulement un moyen de vivre, sans plus de valeur qu'un outil. Autour de moi il y avait depuis des mois un déluge de visages, de personnes éperonnées uniquement par l'argent qu'elles avaient, ou par celui qu'avaient les autres. Leurs maisons, leurs monuments, leurs rues, ce n'était pour moi, en cet instant quelque peu visionnaire, que la caricature mille fois reflétée de leur fantomatique non-existence, et, impétueuse comme elle est, ma nature réagissait par un farouche écœurement à la poignée d'argent que j'avais, et à tout ce qui s'y rapportait. J'aspirais, comme à la terre ferme celui qui souffre du mal de mer, à fuir l'Europe, à retourner vers ces bons et lointains pays que j'avais quittés. Tu peux imaginer que je n'étais pas en de bonnes dispositions pour défendre des intérêts à une table de congrès. Combien n'aurais-je pas donné pour me dérober à cette conférence. Mais il ne fallait pas y songer, et il ne me restait plus qu'à m'y rendre et à utiliser au mieux mon cerveau. J'avais encore près d'une heure devant moi. Il n'était pas possible de déambuler dans les grandes rues : entrer quelque part et lire le journal était également impossible ; car tout cela encore parlait bien trop la même langue que les visages et les demeures. J'obliquai dans une rue tranquille. Il y a là, au bas d'une maison, une boutique d'apparence fort convenable, sans vitrine, avec, à côté de la porte d'entrée, une affiche : Rétrospective, peintures et dessins — je lis le nom, mais en perds aussitôt le souvenir. Depuis des années je ne suis entré dans aucun musée, n'ai vu aucune exposition artistique ; voilà, pensé-je, et c'est pour l'heure le plus important, de quoi me détourner du cours insensé de mes idées, et j'entre.

Cher ami, il n'est pas de hasard, il fallait que je voie ces tableaux, que je les voie à cet instant-là, en cet état de bouleversement, en cette conjoncture. Il y avait en tout une soixantaine de toiles, aux dimensions moyennes, ou plus petites. Quelques rares portraits ; autrement, des paysages : mais peu où les personnages auraient pu constituer l'événement principal du tableau : c'étaient surtout des arbres, des champs, des ravins, des rochers, des labours, des toits, des bouts de jardins. Sur la manière de ce peintre, je ne puis fournir aucun éclaircissement : tu connais vraisemblablement presque tout ce qui s'est fait, et moi, depuis vingt ans, comme je l'ai déjà dit, je n'ai vu aucun tableau. Je me souviens tout de même parfaitement, dans les derniers temps de ma liaison avec la W*, à l'époque où nous vivions à Paris (elle avait une grande intelligence de la peinture), avoir vu fréquemment aux ateliers et dans les expositions des choses qui avaient une certaine ressemblance avec celles-ci : très vives, presque comme des affiches, encore que toutes différentes des toiles accrochées dans les galeries. Celles-ci me parurent au premier abord crues et tourmentées, très hâtives, très étranges, je dus me ressaisir pour voir déjà dans les premières d'entre elles une image, une unité — mais par la suite, par la suite j'ai vu, je les ai ensuite toutes vues, chacune en particulier, et toutes ensemble, et aussi la nature en elle, et la force de l'âme humaine qui avait donné forme à cette nature, l'arbre, l'arbuste, le champ, la pente qui s'y trouvaient peints, et puis encore cet au-delà qui était derrière la chose peinte, la singularité, la marque indescriptible du destin — tout cela, je le vis au point d'en perdre, en face de ces tableaux, le sentiment de moi-même, et de le recouvrer, plus puissant, et de le perdre à nouveau ! Cher ami, c'est à cause de ce que je veux dire, et ne dirai jamais, que je t'ai écrit toute cette lettre ! Mais comment mettre en mots quelque chose d'aussi insaisissable, d'aussi soudain, d'aussi fort, d'aussi inanalysable ! Je pourrais me procurer des photographies de ces toiles et te les envoyer, mais que t'apporteraient-elles ? — que pourraient t'apporter ces images quant à l'impression qu'elles produisirent sur moi, une impression entièrement liée, sans doute, à ma personne, un mystère entre mon destin, les tableaux et moi-même. Des labours en pente, une allée très vaste ouvrant sur le ciel du soir, un chemin creux aux pins torses, un bout de jardin avec le mur de derrière d'une maison, une charrette avec des chevaux maigres sur une pâture, une bassine de cuivre et un broc de terre, quelques paysans autour d'une table, mangeant des pommes de terre — mais à quoi cela peut-il t'aider ? Faut-il alors te parler des couleurs ? Il y a un bleu incroyable, intense, qui revient toujours, un vert comme d'émeraude fondue, un jaune tirant sur l'orange. Mais que sont les couleurs, tant que la vie la plus intérieure des objets ne s'y révèle pas ! Et cette vie très intérieure était là, arbre et pierre et mur et chemin creux livraient le plus profond d'eux-mêmes, me le jetaient pour ainsi dire au visage, non pas la volupté et l'harmonie de leur belle vie silencieuse, celle qui jadis déversait parfois sur moi, dans les tableaux anciens, son atmosphère envoûtante : non, le poids de leur existence, le miracle furieux, fixé d'yeux incrédules, de leur existence, m'assaillait. Comment te faire sentir que chaque être ici — *un être*, chaque arbre, chaque bande de champ jaune ou verdâtre, chaque clôture, chaque chemin creux taillé dans la rocaille, un être, le broc d'étain, le plat en terre, la table, le siège grossier — se détachait pour moi, comme régénéré, du chaos fécond de la non-vie, de l'abîme du non-être, si bien que je sentais, savais plutôt, que chacun de ces objets, chacune de ces créatures, était né d'un terrible doute sur le monde et que son existence à présent masquait pour toujours un gouffre affreux, l'entrebâillement du néant ! Comment te faire sentir même à demi combien sut parler à mon âme cette langue, qui me proposait une justification gigantesque des états les plus étranges et les plus indissolubles de mon Moi, me faisait comprendre d'un coup ce dont j'avais à peine pu endurer la simple sensation en un moment d'insupportable torpeur, ce que, pourtant, l'éprouvant si intensément, je ne parvenais plus à arracher de moi — et voici qu'une âme inconnue, d'une force inconcevable, m'offrait une réponse, un monde en guise de réponse ! J'étais pareil à celui qui, après un étourdissement illimité, sent la terre ferme sous ses pieds, se trouve alors pris dans la fureur d'une tempête et voudrait pousser des cris de jubilation au sein de ce déchaînement. Comme en une tempête s'engendraient sous mes yeux, s'engendraient pour mon plaisir ces arbres, aux racines roidies sortant de terre, aux branches roidies tendues vers les nuages, en une tempête se livraient ces terres lézardées, ces vallées entre des collines, et jusque dans la pesanteur des blocs de rochers il y avait une tempête pétrifiée. A présent je pouvais, de tableau en tableau, ressentir quelque chose, sentir ce qui liait ces œuvres, les faisait s'entr'appeler, sentir combien leur vie profonde affleurait dans la couleur, combien les couleurs vivaient l'une par l'autre, comment l'une, d'une mystérieuse puissance, supportait toutes les autres, et je pouvais en tout cela deviner un cœur, l'âme de celui qui l'avait fait et qui répondait pour lui-même, par cette vision, aux spasmes du doute le plus terrible, je pouvais sentir, pouvais savoir, pouvais pénétrer, je pouvais jouir des précipices et des cimes, du dehors et du dedans, le tout dans le dix millième de temps qu'il me faut pour écrire ces mots, et j'étais comme dédoublé, maître de ma vie cependant, maître de mes forces, de mon jugement, je sentais le temps s'écrouler, savais qu'il ne me restait plus que vingt minutes, puis dix, puis cinq seulement, et je me retrouvai dehors, hélai une voiture, me fis conduire.

Dans ce genre de conférences où la grandeur des chiffres en appelle à votre imagination et où la diversité, l'opposition des forces en jeu exige un don de synthèse, ce n'est point l'intelligence qui l'emporte, mais une vertu mystérieuse pour laquelle je ne connais pas de nom. On la trouve parfois chez les êtres assez intelligents, pas toujours. Je la possédais en cette heure-là, comme jamais encore, comme jamais peut-être je ne l'aurai. Je pus obtenir pour ma société bien plus que ce que le comité m'avait imposé dans le plus favorable des cas, et je l'obtins de même qu'en rêve on cueille des fleurs sur un mur nu. Les visages des messieurs avec qui je traitais me semblaient curieusement proches. Je pourrais, sur eux, te dire des choses qui ne sont pas en rapport, même le plus lointain, avec l'objet de nos préoccupations. Je constate à présent qu'un gros poids m'a été ôté.

P.-S. — L'homme s'appelle Vincent van Gogh[1]. D'après les dates du catalogue, qui ne sont pas anciennes, il devrait vivre encore. Il y a en moi quelque chose qui me force à croire qu'il serait de ma génération, un peu plus âgé que moi. Je ne sais si je me trouverai une autre fois devant ces tableaux, mais j'en achèterai probablement un, que je n'emporterai pas : je le confierai à la garde du marchand.

Mai 1901

Ce que je t'ai écrit, à peine pourras-tu le comprendre, et moins encore combien ces images ont pu m'émouvoir. Cela te fera l'effet d'une lubie, d'une singularité, d'une bizarrerie, et pourtant — si on pouvait seulement l'exposer, si on pouvait l'extraire de soi et le mettre au jour. Il y a en moi quelque chose d'analogue. Les couleurs des choses, en des heures étranges, me tiennent en leur pouvoir. Mais que sont au juste les couleurs ? N'aurais-je pas pu dire aussi bien : la forme des choses, ou le langage de la lumière et de l'obscurité, ou je ne sais quel phénomène innommé ? Et les heures — quelles sont ces heures ? Il s'écoule des années, et pas une seule de ces heures ne survient. — Et puis, n'est-il pas puéril de te confier qu'une puissance ignorée de moi me tient parfois en son pouvoir ? Si je pouvais la saisir, non point la saisir — car c'est elle qui me saisit — mais la retenir quand elle s'évanouit à nouveau. S'évanouit-elle d'ailleurs ? N'exerce-t-elle pas sur moi, en secret, une action formatrice, quelque part, dans une voie que me ferme un incessant sommeil intérieur ? A présent que j'ai parlé, je suis forcé d'en dire plus long. Il flotte pour moi autour de ces objets quelque chose d'inexplicable à moi-même, et qui ressemble à de l'amour — peut-il y avoir un amour de l'informe, de l'inconsistant ? Mais bien sûr, oui, parfaitement : afin que tu n'aies pas une piètre idée de mes confidences, il faut que j'aille plus loin et, cherchant à comprendre ce qui m'y pousse, j'ai l'impression d'avoir à t'empêcher de sous-estimer une chose... qui m'est chère.

As-tu jamais entendu parler de Rama Krishna ? Peu importe. C'était un brahmane, un pénitent, l'un des grands saints de l'Inde, l'un des derniers, car il est mort seulement vers les années quatre-vingt, et quand je suis arrivé en Inde, son nom vivait encore partout. Je connais maints traits de sa vie, mais aucun ne me touche autant que le court récit décrivant son illumination ou sa résurrection, bref, l'expérience qui le singularisa entre les hommes et fit de lui un saint. Il se passa simplement ceci : il allait par la campagne, au milieu des champs, jeune garçon de seize ans, quand il leva son regard vers le ciel et vit un cortège de hérons blancs traverser le ciel à une grande altitude : et rien d'autre, rien que la blancheur des créatures vivantes ramant sur le ciel bleu, rien que ces deux couleurs l'une contre l'autre, cet ineffable sentiment de l'éternité, pénétra à l'instant dans son âme et détacha ce qui était lié, lia ce qui était détaché, au point qu'il tomba comme mort ; et lorsqu'il se releva, ce n'était plus le même, qui s'était effondré. C'est un prêtre anglais d'une espèce assez ordinaire, qui me l'a raconté, « une violente impression optique sans aucun contenu spirituel, disait-il, il s'agit, voyez-vous, d'une anomalie dans le système nerveux ». Sans aucun contenu spirituel ! Que ne suis-je un être cultivé comme vous ! Si seulement vos sciences, langues sans doute merveilleuses, capables de tout dire, n'étaient pas un monde qui me demeure fermé ! si seulement je n'étais spirituellement infirme, et si je possédais un langage dans lequel puissent se déverser les muettes incertitudes du Moi profond ! Mais hélas !

Je veux tenter pourtant d'évoquer le jour où cela se produisit, non pour la première fois, mais plus fort peut-être qu'auparavant et que dans la suite. Une vision, rien d'autre, et je suis frappé aujourd'hui seulement par l'usage ambigu que nous faisons de ce mot : qu'il doive désigner quelque chose d'aussi ordinaire que la respiration et en même temps... De même en va-t-il pour moi du langage : je ne puis m'attacher à aucune de ses vagues pour me laisser porter par elle, sous moi cela s'évade et me laisse au même lieu.

N'ai-je pas dit que les couleurs des choses, en des heures étranges, ont un pouvoir sur moi ? N'est-ce pas plutôt moi qui acquiers de l'empire sur elles, la capacité pleine et entière, pour une quelconque durée, de leur arracher leur mystère abyssal, au-delà de toute parole — ce pouvoir n'est-il pas en moi, n'est-ce pas lui que je sens dans ma poitrine comme un gonflement, une abondance, une présence sublime, exaltante, près de moi, en moi, à l'endroit où le sang vient et va ? Voilà ce qui eut lieu autrefois, en ce jour gris de pluie et de tempête, dans le port de Buenos Aires, de bon matin — voilà ce qui eut lieu alors, et toujours. Mais si tout était en moi, pourquoi ne pouvais-je fermer les yeux et jouir, aveugle et muet, du sentiment ineffable de moi-même, pourquoi devais-je me tenir sur le pont et regarder, regarder devant moi ? Et pourquoi contenait-elle, cette couleur des vagues écumantes, abîme qui s'ouvrait et se refermait, pourquoi cet objet approchant sous la pluie lourde, éclaboussé d'embruns, pourquoi ce petit bateau aux couleurs aigres (c'était la barcasse de la douane qui se dirigeait vers nous), ce bateau et la caverne d'eau, la vague en marche qui roulait avec lui, pourquoi la couleur de ces choses me semblait-elle (semblait ! semblait ! je savais pourtant qu'il en était ainsi !) contenir non seulement le monde entier, mais aussi toute ma vie ? Cette couleur, faite de gris et de brun fauve et d'obscurité et d'écume, où il y avait un abîme et une plongée, une mort et une vie, une épouvante et une volupté — pourquoi ici, sous le regard de mes yeux, devant ma poitrine exaltée, toute ma vie se creusait-elle en venant à moi, passé, avenir, écumant d'une présence inépuisable, et pourquoi cette seconde immense, cette jouissance sacrée, tirée de moi-même et en même temps du monde qui s'ouvrait à moi, comme si la poitrine s'était épanouie pour lui, pourquoi cette existence double, cette communion, ce dehors et ce dedans, ce Toi pénétrant, étaient-ils liés à ma vision ? Pourquoi, si les couleurs ne sont pas un langage dans lequel se livrent l'inexprimé, l'éternel, l'illimité, un langage plus sublime que les sons, parce que s'échappant tout droit, telle une flamme d'éternité, de l'existence muette, et renouvelant notre âme. La musique est pour moi, comparée à cela, comme la vie féconde du soleil.

Il peut en être ainsi, ou autrement. Peut-être suis-je à mi-chemin entre l'homme insensible et brut qui ne perçoit rien de tout cela, et celui dont l'âme cultivée sait déchiffrer et lire, là où je ne découvre, étonné, que des signes. Quelqu'un, cela traîne dans ma mémoire depuis le temps de mon enfance, a comparé le firmament à une pensée non développée. Cela pourrait convenir ici. Le ciel du sud, certes, avec ses feux ardents, dans les rares nuits où mon être tout entier se dilatait vers lui comme le miroir inaltéré d'une eau, me semblait être parfois une immense promesse sous laquelle tressaillait la mort comme un son d'orgue. Mais ce que je prenais pour une promesse pouvait n'être aussi que le pressentiment grossier d'une très grande pensée dont mon âme ne savait s'emparer.

Couleur. Couleur. Le mot à présent me paraît misérable. Je crains de ne pas m'être fait comprendre de toi comme je le souhaiterais. Et je désire ne rien favoriser en moi qui puisse m'isoler des hommes. Mais, à vrai dire, je ne suis jamais davantage un homme que dans les instants où je me sens vivre avec une vigueur centuplée, et cela m'arrive quand ce monde toujours muet et clos devant moi, un monde de pesanteur et d'étrangeté, s'entrouvre et m'engloutit, un avec lui-même, en une unique vague d'amour. Ne suis-je pas alors au-dedans des choses tellement plus un homme, tellement plus moi-même que jamais, dénué de nom, solitaire, mais nullement figé dans l'esseulement, comme si coulaient de moi les vagues de cette énergie qui m'élit compagnon des fortes, muettes puissances qui siègent tout autour sur leurs trônes et se taisent, et moi au milieu d'elles ? Et n'est-ce pas là, toujours, que tu accèdes sur de sombres chemins, quand tu vis, assidu et souffrant, parmi les vivants ? Le noyau mystérieux, le cœur des expériences, des actes obscurs, des douleurs obscures, n'est-ce point lorsque tu as commis ce que tu n'aurais pas dû, mais devais commettre, lorsque tu as éprouvé ce que toujours tu pressentais sans jamais le croire, lorsque tout est en ruine autour de toi et que nulle part le terrible ne pouvait être laissé inaccompli — la vague de l'étreinte ne s'enroulait-elle pas alors, issue du plus profond de l'événement, t'attirant en elle, et tu te retrouvais solitaire et inadmissible, grand et comme délivré dans tous tes sens, dénué de nom, souriant de bonheur. Pourquoi la nature mendiante et muette, qui n'est que vie vécue, vie désirant encore être vécue, impatiente des froids regards dont tu la touches, ne devrait-elle pas, en des heures rares, t'attirer en elle et te montrer qu'elle aussi, dans ses profondeurs, possède des grottes sacrées où tu peux être un avec toi-même, alors qu'au-dehors tu étais devenu à toi-même étranger ?

Tant que des idées plus hautes, et qui s'implanteront avec autant de vivacité en moi, ne me rendront pas méprisables de telles hypothèses, je veux m'en tenir à elles.

Et pourquoi les couleurs ne pourraient-elles pas être les sœurs des douleurs, puisque les unes comme les autres nous attirent dans l'éternel ?

Instants de Grèce[1]

Traduction de Jean-Claude Schneider.

LE MONASTÈRE DE SAINT LUC

Nous avions ce jour-là passé neuf ou dix heures à cheval. Alors que le soleil était très haut, nous avions fait halte devant un petit khan, près duquel il y avait une source claire et un platane grand et beau. Plus tard, nous nous étions une fois encore, avec les mulets, désaltérés dans un filet d'eau courante, en nous allongeant à même le sol. Notre chemin s'inscrivait d'abord au flanc du Parnasse, puis dans le lit pierreux d'une rivière de la nuit des temps [1], ensuite au creux d'une dépression entre deux montagnes en forme de cône ; pour finir, il courait sur un haut plateau fertile, au milieu de verts champs de blé. Certains paysages traversés étaient déserts, de ce désert plusieurs fois millénaire, sans rien d'autre que le froissement d'un lézard en travers du chemin ou les orbes d'un épervier très haut dans les airs ; d'autres étaient peuplés par la vie des troupeaux. Alors les chiens semblables à des loups approchaient tout près des mulets en aboyant et en montrant les dents, et il fallait les chasser avec des pierres. Des moutons, lourds dans leur laine, se pressaient à l'ombre d'un rocher, le corps secoué par leur respiration haletante sous la chaleur. Deux boucs noirs s'affrontaient de leurs cornes. Un berger jeune et beau portait sur sa nuque un agneau. L'ombre d'un nuage s'attardait immobile au-dessus du plat pays caillouteux. Dans une cuvette aux formes curieuses, où se dressaient des milliers de grandes pierres isolées, où poussaient entre elles des milliers de petits arbustes à forte odeur, une grosse tortue se traînait sur le chemin. Puis, vers le soir, un village se montra au loin, mais nous le laissâmes de côté. Au bord de notre route il y avait une citerne au fond de laquelle coulait une source. Deux cyprès s'élevaient près du puits. Des femmes tiraient une eau claire et elles firent boire nos bêtes. De petits nuages passaient dans le ciel du soir, par groupes de deux ou trois. De loin et de tout près nous parvenaient les cloches des troupeaux. Les mulets marchaient d'un pas plus alerte en aspirant l'air qui montait de la vallée. Une odeur d'acacia, de fraises et de thym flottait au-dessus du chemin. On sentait que les montagnes bleuâtres se refermaient et que cette vallée marquait la fin du sentier. Nous chevauchâmes longtemps entre deux haies de roses sauvages. Un petit oiseau volait devant nous, pas plus gros que la tache d'ombre sous l'une de ces roses en fleur ; la haie de gauche, du côté du vide, s'interrompit et on put jeter un regard au fond, comme du haut d'une terrasse. Au creux de la petite vallée tordue en forme d'arc et en face jusqu'à mi-pente, il y avait des bouquets d'arbres fruitiers auxquels se mêlaient des cyprès sombres. Entre les arbres on voyait des haies fleuries. Des troupeaux se déplaçaient à l'intérieur et des oiseaux chantaient dans les branches. D'autres sentiers couraient au-dessous du nôtre. Il était visible qu'ils étaient là pour le plaisir, non pour les voyageurs ou les bergers. Ils décrivaient de douces courbes à une hauteur toujours égale au-dessus du ravin. Au milieu du versant, un pin isolé se dressait, arbre solitaire et souverain. C'était le seul arbre vraiment grand de toute cette vallée. Il devait être séculaire, mais la grâce avec laquelle il tendait vers le ciel ses trois cimes aux flexions légères avait quelque chose d'une éternelle jeunesse. Des murs bas bordaient maintenant le chemin à droite et à gauche. Derrière eux il y avait des vergers. Une chèvre noire s'arc-boutait contre un vieil olivier, les pattes de devant dressées, comme pour y grimper. Un homme âgé, une serpe à la main, semblait ramer au milieu des églantiers en fleur, enfoncé jusqu'à la poitrine. Le monastère ne devait plus être loin, à une centaine de pas ou moins encore, et on s'étonnait de ne pas l'apercevoir. Dans le mur de gauche s'ouvrait une petite porte ; un moine y était appuyé. Sa longue robe noire, sa haute toque noire, son attitude nonchalante tandis qu'il regardait les arrivants, tout cela lui donnait, dans cette solitude paradisiaque, une allure de mage. Il était jeune, portait une longue barbe d'un blond roux, dont la coupe rappelait les portraits byzantins, il avait le nez aquilin, l'œil inquiet, d'un bleu presque insoutenable. Il nous salua en s'inclinant et en écartant les deux bras dans un geste un peu ostentatoire. Nous mîmes pied à terre et il nous précéda. Après avoir traversé un petit jardin enclos de murs, nous entrâmes dans une pièce où il nous laissa seuls. Cette salle était pourvue du mobilier le plus rudimentaire. Une lampe brûlait éternellement devant l'image d'une Vierge byzantine ; face à la porte d'entrée la pièce donnait sur un balcon. Nous y allâmes et vîmes que nous étions au milieu du monastère. Il était encastré dans la montagne. La salle où nous étions, de plain-pied avec le jardin, dominait la cour de deux étages. L'église, ancienne, avec l'éclat du soir sur ses murs et ses coupoles rougeâtres, millénaires, le fermait sur un côté ; les trois autres étaient constitués par des maisons analogues à celle dans laquelle nous nous trouvions, avec de petites balustrades en bois comme celle à laquelle nous étions accoudés. C'étaient des maisons irrégulières de diverses couleurs, et leur balcon était bleu clair ou jaunâtre ou vert pâle. Le bâtiment qui formait l'angle était relié à l'église par une sorte de loggia en forme de pont-levis. Certaines parties accusaient une vétusté impossible à chiffrer, d'autres dataient d'une génération à peine. Tout respirait la paix et une bonne humeur tempérée de parfums. Une fontaine bruissait en bas. Deux moines assez vieux, à la barbe d'ébène, étaient assis sur un banc. Un autre, d'âge indéterminé, se tenait en face d'eux, au balcon du premier étage, la tête posée dans la main. De petits nuages passaient dans le ciel. Les deux moines s'étaient levés pour se rendre à l'église. Deux autres descendaient un escalier. Eux aussi portaient la longue robe noire, mais leur toque noire était moins haute et leur visage dépourvu de barbe. Leur démarche avait le même rythme indéfinissable : à égale distance de la hâte et de la lenteur. Ils disparurent en même temps sous le porche de l'église, comme une voile s'évanouit derrière un rocher, comme une bête qui marche dans la forêt sans qu'on l'entende devient invisible au milieu des arbres, et non comme des hommes franchissant le seuil d'une maison. Dans l'église, des voix, entre le murmure et le chant, se mirent à entonner des psaumes sur un mode archaïque. Elles montaient et retombaient, c'était quelque chose qui n'avait pas de fin, ni plainte ni joie, quelque chose de solennel qui pouvait venir de l'éternité et se perpétuer ainsi dans l'éternité. Dans la cour, par une fenêtre ouverte, quelqu'un répétait la mélodie, de pause en pause : une voix de femme. C'était si étrange qu'on aurait dit un effet d'illusion. Mais cela se renouvelait, c'était bien une voix féminine. Et pourtant ce n'en était pas une. D'une fidélité parfaite à ce chant solennel encore à peine humain, le motif en écho, par son caractère impersonnel, presque inconscient, ne semblait pas sortir d'une poitrine de femme. On aurait dit que c'était le mystère lui-même qui chantait, un son au-delà de l'être. Mais voici qu'il se taisait. Accompagnant le tremblé sombre, suave, des voix d'hommes, un parfum mêlé de cire, de miel et d'encens s'échappait de l'église, et c'était comme l'odeur de ce chant. Puis la voix féminine se mit de nouveau à répéter la mélodie, par intervalles. Mais d'autres voix semblables, par la même fenêtre ouverte, non loin de mon balcon, intervinrent, dans un demi-murmure qui n'avait rien de sérieux et dégénérait en parodie, la belle voix se tut et je compris alors que c'étaient de jeunes garçons. Au même instant leurs têtes se montrèrent à la fenêtre. L'un d'eux était doux et beau comme une fille et sa chevelure blonde lui retombait sur les épaules jusqu'à la ceinture. D'autres enfants du monastère, en bas dans la cour, leur criaient : « Le frère ! le frère ! le berger ! le berger ! »

Je compris par la suite que les frères prenaient congé l'un de l'autre. Le jeune berger était debout dans la lumière du soleil couchant, basané, élancé, conquérant ; derrière lui, le troupeau et les chiens. Il tenait dans sa puissante main brune celle, plus étroite, du garçon aux longs cheveux. Un moine en habit noir, mais jeune encore, sans barbe, un beau novice de vingt ans, dont le sourire restait inexpressif et vide autour de sa jeune bouche et de ses joues lisses, mais était soumis et sagace au voisinage de ses beaux yeux sombres, se présenta devant la porte entrebâillée. Il n'interpella pas l'enfant, mais se contenta d'un signe. Le geste de sa main levée était sans impatience. Ce n'était pas lui qui commandait, il ne faisait que transmettre un ordre, n'était que le messager. A une petite galerie au-dessus du portail apparut un moine plus âgé, il posa son coude sur la balustrade, appuya sa tête dans sa main, et regarda d'un air impassible, pour voir si l'ordre avait été transmis et si on y répondait. Le novice s'inclina de façon à peine perceptible ou rendit son sourire un peu plus soumis et plus rayonnant. Le bel enfant lâcha la main de son frère et courut vers le novice. Le berger se retourna et s'enfonça aussitôt dans la campagne à grands pas tranquilles en direction de la vallée. Son troupeau, comme s'il avait été une part de lui-même, s'était déjà ébranlé et il déferlait sur la route, contenu par les chiens. Dans l'église, le chant s'élevait plus fort. A cet office de l'heure crépusculaire, tous étaient dans la chapelle enténébrée, à genoux, ou bien étendus sur les dalles, ou encore debout devant leur haut pupitre, dans un profond recueillement, les bras croisés et le visage posé contre le livre saint. Dans le calme sublime de leur chant tremblait une ferveur dominée selon des règles ancestrales. Les lampes éternelles se balançaient doucement dans l'air alourdi par l'encens et le miel. Ce qui se déroulait en ce moment s'accomplissait depuis mille ans, soir après soir, dans le même lieu, à la même heure. Quel torrent est assez vénérable pour avoir grondé dans le même lit depuis dix siècles ? Quel olivier antique, depuis dix siècles, fait murmurer la même frondaison dans le vent ? On ne peut nommer ici que la mer sempiternelle en bas, dans les baies, ou les sommets immuables du Parnasse étincelant de neige sous les astres immémoriaux.

Les étoiles s'allumaient au-dessus des parois sombres de la vallée. L'étoile du soir était d'un rare éclat ; là où il y avait de l'eau, une source seulement, peut-être une flaque entre deux figuiers, elle laissait un reflet de sa lumière au point qu'on aurait dit la lune. D'autres étoiles puissantes apparaissaient ici et là, au-dessous d'elle, à l'horizon terrestre proche et lourd, dans la sphère des hommes : c'étaient les feux des bergers, éparpillés à tous les niveaux sur le flanc obscur des montagnes qui enfermaient l'arc de la vallée. A côté de chaque flamme un homme solitaire était étendu au milieu de ses bêtes. Tout autour des bâtiments où veillaient les lampes éternelles, les richesses du monastère reposaient. Les chiens donnaient de la voix et d'autres chiens leur répondaient. Il y avait plus de trente feux, les pentes vivaient de vies endormies. Un agneau bêlait de temps à autre dans son sommeil interrompu. Les chouettes s'appelaient, les cigales stridulaient, et pourtant la nuit était éternelle et silencieuse.

Là où se tenait l'étoile du soir, le Parnasse s'éclairait, invisible derrière des massifs sombres. Là, à flanc de montagne, c'était Delphes. A l'endroit où se dressait la ville sacrée, au-dessous du temple du dieu, s'étend aujourd'hui une forêt d'oliviers millénaires, et les vestiges des colonnes gisent épars entre leurs troncs. Mais ces arbres millénaires sont trop jeunes, ces ancêtres sont trop récents, leur enfance n'est pas assez lointaine, ils n'ont pas connu Delphes ni la maison du dieu. On remonte les siècles qu'ils ont traversés comme on regarderait dans une citerne, et dans ces profondeurs oniriques, tout en bas, il y a l'inaccessible. Mais ici tout est proche. Sous ces étoiles, dans cette vallée où dorment bergers et troupeaux, ici, tout cela est plus proche que jamais. Le même sol, les mêmes souffles, les mêmes gestes, le même repos. L'innommable est présent, non mis à nu, non voilé, non préhensible, mais ne se refusant pas non plus : bref, il est à portée. Voici Delphes et la campagne delphique, le sanctuaire et les pâtres, voici l'Arcadie de bien des rêves, et ce n'est pas un rêve. Lentement nos pas nous ramènent au monastère. Des molosses grondent tout près de nous. Une forme est accoudée au balcon, au-dessus du porche. Une autre, un serviteur, sort des haies sur le côté, là où les chiens s'agitent. « Athanasios ! » appelle le moine du balcon, « Athanasios ! » Il parle plus qu'il ne crie, avec calme et sur un ton de commandement plein de douceur. « Athanasios, qu'y a-t-il ? » « Ce sont les hôtes, les deux étrangers, qui se promènent. » « Bien. Veille aux chiens. » Ces paroles sont peu de chose. Le dialogue est bref entre le prêtre et le serviteur. Mais le ton était celui de l'époque des patriarches. Cela se compose de peu d'éléments. Une confiance inentamée dans l'autorité sacerdotale, l'expression débonnaire d'un pouvoir incontesté, l'hospitalité naturelle et sans appréhension, la maison, le sanctuaire, gardés par de nombreux chiens. Et pourtant, ces choses insignifiantes, ces quelques paroles échangées dans la nuit, elles ont un rythme en elles issu de l'éternité. Elles remontent, ces formes vivantes, à un temps que les oliviers immémoriaux n'ont pas connu. Homère n'est pas né encore, et des phrases semblables, exprimées sur ce ton, s'échangent de lèvre à lèvre entre prêtre et serviteur. Si d'une lointaine étoile tombait rien qu'un organe banal mais vivant, fragment de fleur ou bout d'écorce, il y aurait là un message qui nous ferait frissonner. Voilà ce qui résonnait dans ce dialogue. L'heure, le lieu, l'air font tout[1].

LE VOYAGEUR

εἰσί καὶ κυνῶν ἐρινύες[2]

Le sommeil des moines est bref. Peu après minuit ils sonnèrent les cloches, prièrent, chantèrent ; pour recommencer avant le lever du soleil. Nous avions derrière nous à peine deux heures de demi-sommeil ; nous n'en étions que mieux éveillés. Nous prîmes l'étroit sentier, l'un derrière l'autre, d'un pas vif, aussi vif que le pouvaient soutenir les mulets portant nos guides sur leurs selles. Le chemin nous ramena, dans la fraîcheur du matin, sur la pente qui dominait l'adorable vallée, puis de nouveau à travers la même plaine prise entre deux montagnes dépouillées, mais, après un coude, il s'inclina pour longer le lit asséché d'un torrent et se divisa en deux, vers Davlia d'un côté, de l'autre vers Chéronée en Béotie ; jusque là-bas il y avait sept heures de marche et, à mi-route, une saignée d'eau potable, jamais tarie et que partout à la ronde les bergers connaissaient.

Notre conversation se prolongea jusqu'au moment où nous croisâmes le voyageur solitaire ; elle dura donc deux heures et demie ou trois heures, sans interruption, dépourvue de toute contrainte, sans la moindre volonté consciente de ne pas la laisser retomber, et ce fut un des entretiens les plus étranges et les plus beaux dont je puisse me souvenir.

Nous allions côte à côte et tout en parlant nous avions l'impression que chacun s'abandonnait à ses seuls souvenirs, dont nous partagions un bon nombre en commun. Parfois l'un de nous se remémorait la figure d'un ami que l'autre n'avait jamais vu, mais dont il n'avait que trop entendu parler. La solitude profonde et comme intemporelle qui nous environnait, l'aspect sublime, incorporel, de ces parages — la pensée que nous suivions, du pied du Parnasse à Chéronée, de la campagne delphique à Thèbes, l'itinéraire d'Œdipe —, la pureté lumineuse de l'heure matinale après une nuit sans sommeil profond ni sourd, tout cela avivait à tel point notre imagination que chaque parole, exprimée par l'un de nous, entraînait l'esprit de l'autre dans son sillage et qu'il croyait saisir avec les mains ce que le premier avait en mémoire.

Nos amis nous apparaissaient et, tandis qu'ils s'offraient d'eux-mêmes, ils nous apportaient la part la plus pure de notre existence. Leurs traits étaient graves, d'une présence presque angoissante. Cependant qu'ils vivaient sous nos yeux, nous regardaient, les moindres circonstances et objets qui avaient entouré nos rencontres nous revenaient à l'esprit. Un cillement, un attendrissement du regard, une moiteur dont se couvrait notre paume dans une heure d'exaltation, une hésitation trouble, une dérobade, l'indice d'un éloignement, puis de nouveau un rapprochement — toutes ces modulations très ténues vivaient en nous, et avec la netteté la plus surprenante ; pourtant nous savions à peine si ces souvenirs étaient des mouvements de notre propre moi ou ceux des êtres dont les visages nous regardaient ; sinon que c'était de la vie vécue, et de la vie qui continuait de vivre quelque part, car tout semblait appartenir au présent, et les montagnes, dans la mobilité muette et bleutée de l'air, n'avaient pas plus de réalité que les apparitions qui nous escortaient.

Grâce à un nom jeté par l'un de nous, nous pouvions en faire surgir d'autres. Ombre après ombre, elles approchent, nous rassasient de leur vue, nous accompagnent, se dissipent à nouveau ; d'autres, en écho, qui attendaient déjà, prennent la place devenue vacante, éclairent un horizon de vie vécue, puis restent pour ainsi dire en chemin, tandis que nous allons de l'avant, encore de l'avant, comme si de cette progression dépendait la prolongation du sortilège, et que nous distançons de plusieurs centaines de pas le petit groupe des hommes sur leurs mulets. Les vivants, qui respirent cette lumière, viennent à nous tout comme ceux qui ne sont plus. En de telles minutes nous voyons tout avec lucidité : l'énigmatique énergie vitale ne brûle en nous que pour dévoiler l'indévoilable. Nous voyons leur visage, nous croyons entendre le son de leur voix, de petites phrases insignifiantes en apparence : mais on dirait qu'en elles tout l'homme tient enfermé ; et ces visages sont plus que des visages : en eux s'annonce la même chose que dans l'intonation de ces phrases décousues, se fait de plus en plus proche, semble absorbée par leurs traits, par ce que leur expression garde d'ineffable, imprimée en eux, mais non apaisée. Elle est, cette chose, un vouloir illimité, un possible, une disponibilité, des souffrances endurées, à endurer. Chacun de ces visages est un destin, un phénomène unique, ce qu'il y a de plus individualisé, et en même temps un infini, un voyage vers un but indiciblement distant. Il ne semble vivre qu'en nous regardant : comme si la vie venait de notre réponse à ce regard. Nous voyons les visages, mais les visages ne sont pas tout ; en eux nous devinons les destins, mais les destins ne sont pas tout. En chacun de ceux qui nous saluent il y a encore un élément plus lointain, un au-delà des visages et des destins, dont nous sentons le contact. Nous sommes comme deux esprits qui se souviennent avec tendresse d'avoir pris part aux repas des mortels.

De nombreuses images d'adolescents et d'hommes étaient venues, puis reparties, lorsqu'il en apparut encore une. Nous vîmes surgir celui qui avait connu les plus indicibles souffrances, avant de se dérober à nous pour toujours. Je dis « nos amis » et pourtant les rencontres avaient été rares ; celui-là croisa notre destin : un jour une conversation passionnée, qui dévoile jusqu'au tréfonds de l'être, dévoile ciel et enfer, il nous quitte en frère, puis de nouveau étranger, une distance de glace. Mais ses lettres, une parole ici ou là, froide et sublime, d'autres propos pareils à des plaies, son journal, quelques rares poèmes, à rien comparables, remontant tous à une seule année de sa vie, celle de ses dix-neuf ans, mais qu'il déteste, qu'il méprise, qu'il lacère quand il les retrouve, sur lesquels il crache, dont il piétine les bouts déchirés ; l'histoire cruelle de ses dernières semaines et de sa mort, racontée par sa sœur — telle est l'image de lui qui s'est gravée dans nos âmes. Il est pauvre et il souffre, mais qui oserait lui venir en aide ; il est seul au-delà de toute mesure, mais qui se risquerait à l'approcher, alors qu'il se rétracte et, avec une force inhumaine, ploie son être comme un arc pour décocher la plus impitoyable des flèches ; alors qu'il écarte de lui toutes les mains, se tapit dans le monde souterrain des grandes villes, répond à toute avance par le sarcasme, se crispe dès qu'on mentionne ses dons, son génie, comme le condamné recule devant le fer rouge ; fait surface de temps à autre, une fois ici, une autre là, adresse aux siens, de Macédoine, du Caucase, d'Abyssinie, une lettre où l'espérance sonne comme une menace, où de sèches déclarations se durcissent en une révolte démesurée, en une condamnation à mort par lui-même prononcée. Il croit ne se battre que pour de l'argent, de l'argent, encore de l'argent, et il lutte en fait contre son propre démon dans un dessein exceptionnel, impossible à nommer. Et voici que nous le voyons descendre des monts abyssiniens, on le porte sur une sente rocheuse et déserte ; silence de l'air : une présence éternelle, comme ici ; on dirait que ces gens nous l'apportent. Il est étendu sur une civière, le visage couvert d'un drap noir, l'un des genoux malade, dilaté comme une citrouille, gonfle la couverture ; sa belle main émaciée, la main aimée des sœurs, repousse parfois le drap loin du visage pour indiquer la route aux porteurs à peau sombre, colorée ; eux voulaient suivre la pente en biais, lentement, lui veut aller tout droit, hors des chemins, et vite. Une révolte sans nom, un défi à la mort, lisible jusque dans le blanc de l'œil, la bouche tordue par le martyre et dédaignant la plainte[1].

Aucune des apparitions diurnes n'avait été plus bouleversante que la dernière. Quoi d'autre pouvait encore venir ? Nous allions à pas lents et nul ne parlait. Le soleil du matin éclairait cette contrée inconnue et sévère d'une lumière presque menaçante. Ce sentiment naturel du présent dans lequel hommes et bêtes se complaisent, il était jusqu'au bout consumé. Des destins étrangers, fleuves d'ordinaire invisibles, heurtant en nous une terre ferme, se révélaient. La vue d'un troupeau nous aurait réjouis. Un oiseau dans l'air aurait été le bienvenu. Voici qu'un homme, au loin, venait vers nous. Il marchait vite. Il était seul, or il est rare que quelqu'un s'aventure seul ici. Le berger va avec son troupeau ; celui qui n'est pas berger se déplace à cheval ; celui-là était à pied. Il semblait être nu-tête. Ici, sous la rigueur du soleil, nul ne sort sans protection : nos yeux devaient donc se tromper. Il s'approcha, il n'avait rien sur la tête. Ses cheveux étaient noirs, une barbe noire, en broussaille, encadrait son visage ; sa démarche était chancelante. Il avait un bâton dans la main et s'appuyait dessus pour marcher. Le soleil étincelait sur la roche dure et nous avions l'impression que ses pieds étaient nus. Ce n'était pas possible ; les chemins qui escaladent et dévalent ces montagnes sont faits d'éboulis, de cailloux coupants comme des lames ; même le plus démuni des mendiants épargne ses pieds à l'aide de semelles de bois. L'homme approcha encore, il avait les pieds nus. Son pantalon, pareil à ceux que portent les habitants de la ville, pendait en lambeaux autour de ses jambes maigres. Ici, dans ces montagnes désertiques, nul ne croise un voyageur sans lui adresser la parole. Il allait passer près de nous, sans un salut, à dix pas de notre chemin, la tête inclinée, détournée. Nous prononçâmes la formule grecque dont on se sert habituellement pour saluer. Il répondit sans s'arrêter, et nous perçûmes des mots allemands. Déjà mon ami lui avait barré le chemin en lui posant de brèves questions : d'où il venait, où il allait. Cependant je restais à trois pas, regardant le sang coagulé sur ses pieds, la profonde entaille rouge de sa main puissante. De larges épaules ; la nuque énergique ; un visage entre la trentaine et la quarantaine, peut-être plus près de la quarantaine, mais misérable, dont la barbe noire faisait ressortir le teint blême et jaune. Les yeux vagants, traversés de flammes, redevenus sauvages comme le regard d'une bête apeurée, harcelée. Il dit son nom : Franz Hofer, de Lauffen sur la Salzach, compagnon relieur. Son âge : vingt et un ans ; le but de son voyage : Patras. Patras était à cinq jours de marche pour un indigène résistant ; des montagnes, des étendues désertes, un bras de mer à franchir. Quand il ne s'appuyait pas sur son bâton, son corps tremblait, ses lèvres frémissaient. Il avait la fièvre, disait-il, depuis trois mois déjà. Voilà pourquoi il avait voulu revenir. D'Alexandrie, en Egypte, jusqu'au port du Pirée, le chauffeur d'un bateau l'avait accepté tout au fond, dans la soute à charbon, mais celui-ci poursuivait sa route vers Constantinople, aussi lui fallait-il maintenant gagner Trieste à pied. Comment comptait-il trouver son chemin ? Il l'avait sur lui. Il tira de son ceinturon un torchon de papier, on y voyait écrits au crayon, presque effacés déjà, des noms de localités. Il en désigna un : c'était là qu'il devait aller dans la journée. Ce lieu se trouvait du côté de Delphes, à huit heures de route, pour qui connaissait le chemin et était capable de retrouver les piètres repères disséminés dans ce paysage désolé. Savait-il la langue du pays ? Pas un mot : les gens ne comprenaient pas quand on leur parlait allemand ou italien, c'était un vrai cauchemar ! Quand avait-il pris son dernier repas ? La veille à midi, un morceau de pain, et aujourd'hui, une gorgée d'eau puisée à une source quelque part là-bas. C'était le puits vers lequel nous nous dirigions, à mi-chemin de Chéronée, en Béotie.

Pendant ce temps nos gens nous avaient rejoints avec les mulets, ils se tenaient autour de nous, étonnés par ce voyageur. Nous lui tendîmes du vin dans un petit gobelet, sa main tremblait terriblement et il en renversa plus de la moitié ; puis nous lui donnâmes du pain et du fromage, mais ses dents claquaient si lamentablement qu'il pouvait à peine avaler les bouchées. Nous lui proposâmes de s'asseoir ; il répondit qu'il n'en avait pas le temps, il lui fallait encore beaucoup marcher aujourd'hui. Et quelque chose de dément passa dans son regard. Nous lui dîmes que nous allions lui donner un peu d'argent ; l'un de nous devait-il envoyer une lettre chez lui, afin que ses proches sachent qu'il était malade et apprennent sa situation ? Il ne fallait le dire à aucun prix, il s'y refusait, au diable cette idée ! personne chez lui ne se souciait de son sort. Et aussitôt il se détourna pour repartir, en s'appuyant sur son bâton. Nous le suivîmes pour l'inciter à prendre place sur un des mulets et à nous accompagner ; nous le conduirions à Athènes, au port du Pirée, là nous lui donnerions le prix de la traversée jusqu'à Trieste et au-delà. Nos guides, devinant notre intention, avaient déjà fait avancer un mulet pourvu d'une selle et ils voulaient aider l'homme à s'y installer. Mais il recula en brandissant son bâton : du diable s'il consentait à rebrousser chemin, alors qu'il avait déjà mis tant de jours à le parcourir — que personne n'ait l'audace de l'y contraindre ! A présent qu'il se faisait menaçant et levait sur nous son bâton, malgré son bras visiblement sans force, on voyait combien cet homme était grand et robuste, habité par une énergie indomptable, qu'il pouvait terroriser tout un village, en être le personnage le plus redouté, et que ce caractère aujourd'hui ruiné l'avait ravalé au rang d'un animal traqué, tout juste capable de se traîner encore un jour et le suivant, puis de s'effondrer, avant la nuit, pour finir d'une mort solitaire et misérable. Si nous l'abandonnions maintenant, il ne sortirait pas vivant de ces montagnes. Nous demandâmes à nos guides de s'écarter et nous avançâmes vers lui, nous deux seulement. Nous lui fîmes savoir que nous ne voulions pas le laisser, il n'avait qu'à dire ce qu'il attendait de nous ; quoi que ce fût, nous y consentirions. « C'est là-bas que je veux aller », dit-il en montrant le chemin que nous venions de parcourir. Nous lui proposâmes de monter sur un mulet, de se faire attacher en selle ; nous lui donnerions deux de nos guides avec leurs bêtes, ils le mèneraient aujourd'hui même dans un village au flanc du Parnasse, d'où il pourrait apercevoir la baie sur l'autre rive de laquelle se trouvait Patras ; ils lui trouveraient une auberge, achèteraient pour lui les chaussures que portent d'ordinaire, quand ils voyagent à pied, les habitants du pays. Là, il devrait se soigner, laisser les plaies de ses pieds se cicatriser, se reposer six ou même dix jours. Alors nous serions de retour et pourrions le prendre avec nous jusqu'à Patras [1].

Il empoigna les deux rebords extrêmes de la selle et se hissa dessus, aidé par nos guides qui l'appelaient « monsieur le mendiant étranger » et qui l'installèrent avec déférence et respect en travers de la monture, comme font chez nous les femmes. Puis le mulet se remit à grimper, tandis que l'homme, bien attaché, abandonnait son corps aux ballottements ; quant à nous, également remis en selle, nous continuâmes à descendre vers Chéronée, sans échanger une parole.

Etrange était l'allure empressée des mulets, étrange aussi l'atmosphère quand nous atteignîmes la fontaine : le filet d'eau qui courait, clair et rapide, entre les cailloux, les mulets qu'on délivrait de leurs harnais, les hommes qui s'allongeaient par terre pour boire à côté des bêtes, et le fait de nous laisser aller nous-mêmes à boire comme eux, un peu en amont, entre des arbustes rabougris. C'était là qu'il s'était agenouillé lui aussi, quelques heures plus tôt, ce naufragé : une vie humaine qui errait, nue ; et alentour le monde entier épiait, comme un seul ennemi. Buvant en ce lieu, j'avais l'impression que l'eau coulait de son cœur vers le mien. Son visage me regardait, comme auparavant ces autres visages m'avaient regardé ; je m'oubliais à contempler le sien et, un peu pour échapper à cette obsession, je me disais : « Qui est-il ? Un être étranger ! » Alors se joignaient au sien les visages des autres, qui me regardaient, exerçaient sur moi leur pouvoir, et de bien d'autres encore. Dans cet instant, rien en moi n'aurait su dire s'ils étaient des étrangers parmi les étrangers dont les visages étaient tournés vers moi ou si j'avais dit un jour, quelque part, à chacun d'eux : « mon ami ! » et obtenu comme réponse : « mon ami ! » Quelque chose devint présent en moi, sans transition, quelque chose de lointain, délicieusement, terriblement enfoui : un garçon devant qui défilaient des visages de soldats, par compagnies entières, innombrables, épuisés, couverts de poussière, toujours par rangs de quatre, mais chacun d'eux unique et nul dont l'enfant n'ait en lui gravé le visage, tâtonnant sans un mot de l'un à l'autre, touchant chacun d'eux, dénombrant d'une voix intérieure : « Celui-ci ! celui-ci ! celui-ci ! », tandis que les sanglots montaient dans sa gorge.

Il y avait quelque chose qui continuait de tournoyer quelque part au-dessus de lui, rien qu'un étonnement, un sentiment de nulle appartenance, une solitude pénétrante, une question lancinante qui demandait : « Qui suis-je ? » Alors, à l'instant du trouble le plus angoissant, je revins à moi, l'enfant sombra au fond de mon être, l'eau coulait sur mon visage, inondant l'une de mes joues, mes bras appuyés retenaient mon corps, je me redressai et ce geste ne fut rien d'autre que se relever après qu'on a bu à longs traits en trempant ses lèvres dans une eau courante.

Mais pendant cette heure et celle qui suivit, jusqu'à Chéronée, et les autres qui vinrent ensuite, tandis qu'en chemin de fer nous nous laissions porter à travers la Béotie et l'Attique, jusqu'au moment où le train entra en gare d'Athènes, je vis un paysage qui n'a pas de nom. Les montagnes s'interpellaient ; les précipices étaient plus animés que des visages ; chaque pli sur le flanc lointain d'une colline était doué de vie : tout cela était proche comme la racine de ma main. C'était ce que je ne verrai jamais plus. C'était le présent laissé en souvenir par tous les voyageurs solitaires que nous avions rencontrés.

Un jour c'est chaque être vivant qui se révèle, un jour c'est chaque paysage, et il se livre alors sans réserve : mais à celui-là seul dont le cœur est ébranlé.

LES STATUES[1]

Ce voyageur était déjà bien loin de moi, quand je montai, le soir suivant, à l'Acropole. Même les figures de ma propre vie n'auraient pu s'approcher ici. C'était comme si quelque chose entre elles et moi avait retrouvé toute son épaisseur, et le souvenir de la magie qui nous avait pris sous ses charmes me laissait étonné. Etrange avait été la rencontre, dans les montagnes phocéennes, de cet homme originaire de Lauffen sur la Salzach, en proie à la fièvre. Etrangement irréelle, cette manière qu'il avait de marcher en silence vers sa mort, en refusant de revenir pour rien au monde sur le chemin déjà parcouru. Quand on réfléchissait à ce silence, au regard qu'il avait pris pour nous repousser — c'était un peu comme si nous l'avions importuné en nous interposant entre sa mort et lui.

Mais je n'éprouvais pas le désir d'y penser plus longuement. « Du passé », dis-je involontairement, en enjambant les ruines qui jonchaient le sol par centaines. Je venais seulement de remarquer que le soleil déclinait derrière le Parthénon et que j'étais le seul à demeurer en haut. La progression des ombres prenait un caractère solennel, l'ultime pointe de vie qui les habitait encore semblait se répandre, pour une libation du soir, sur cette colline où l'âge pourrissait jusqu'aux pierres. Inconsciemment mon regard avait choisi une de ces colonnes. Elle donnait l'impression de s'être soustraite d'une quelconque manière à la communauté des autres. Il y avait dans sa verticalité une rigueur et une fragilité indicibles, ses contours paraissaient se soulever et se relâcher avec ma respiration. Mais autour d'elle, dans cette lumière de la fin du jour, plus pure que de l'or dissous, jouait aussi le souffle désagrégeant de la labilité, et son obstination à se maintenir debout n'était plus qu'un long écroulement silencieux, irrésistible.

Elle se dressait pourtant dans un recueillement merveilleux. Je voulus franchir la distance qui m'en séparait ; une force me poussait à en faire le tour. L'ombre s'allongeait à son pied sur le sol ; sa face invisible, celle qui regardait le couchant, elle devait, je l'imaginais, contenir la vraie vie.

Mais avant de faire le premier pas, je me retins. Un soupçon de crainte m'effleurait, un sentiment de déception, par avance, me blessait. Je repensais à cette matinée, à ma promenade sans fin d'une chose à l'autre. La fatigue du chemin, pas à pas, menant aux pierres, aux décombres de pierres ; il y avait là les fouilles de l'agora, il y avait la Pnyx, il y avait la butte pour l'orateur, et les tribunes ; ici, les traces de leurs maisons, leurs pressoirs à vin ; là-bas, leurs tombes bordant la route d'Eleusis. C'était cela, Athènes. Athènes ? C'était donc cela, la Grèce ; c'était cela, l'Antiquité. La déception s'empara de moi. Je m'assis sur un de ces blocs tombés à terre, qui semblaient attendre la nuit éternelle ; marches d'un sanctuaire, débris méconnaissables d'un autel, ou forme d'une divinité, usée jusqu'à devenir ce caillou arrondi, je m'assis sur l'un de ces fragments, le dos tourné à la colonne.

Ces Grecs, me demandais-je, où sont-ils ? Je tentais de me souvenir, mais ne me souvenais que de souvenirs, comme lorsque des miroirs se renvoient leur image à l'infini. Des noms me revenaient, des personnages ; qui étaient interchangeables, sans beauté ; comme si je les dissolvais dans une vapeur verdâtre où ils se consumaient. Qu'était-ce, ce que je réveillais en eux ? Je me sondai. Ce n'était rien d'autre que la malédiction attachée à ce qui ne dure pas, je la leur insufflais ; ce petit mot : *du passé* était plus fort que le monde tout entier. Je projetais sur eux le temps et je voyais leurs visages devenir verdâtres, se dissiper.

D'être révolus depuis longtemps, pour cela je les haïssais, et de s'être si vite évanouis. Leurs quelques siècles, ce misérable laps de temps, de l'autre côté de l'abîme monstrueux ; leur histoire, cet amoncellement de fables, d'inexactitudes, de commérages, de trahisons, de peurs, d'envies, de paroles ; cette perpétuelle vantardise en eux, cette angoisse perpétuelle en eux, ce dépérissement rapide. Tout n'était déjà plus, au moment même où cela croyait être ! Et, flottant là-dessus, l'éternel mirage de leur poésie ; leurs dieux mêmes, quels fantômes instables, pressés par l'éphémère : là se dressaient Chronos et les Titans, hideux et démesurés, déjà ils étaient anéantis, renversés par leurs propres enfants, oubliés ; alors apparaissaient les autres, les Olympiens, qui croyait en eux ? Ils appartenaient déjà au passé, résorbés dans une brume diaprée, réduits à l'écho d'eux-mêmes ; des dieux, éternels ? Mais déjà les voici disparus, légendes milésiennes [1], motifs peints sur le mur dans la maison d'une courtisane.

Où est-il, ce monde, et que sais-je de lui ! m'écriai-je. Où le saisir ? Où croire en lui ? Où me donner entièrement à lui ? Ici ! ou nulle part. Ici, il y a l'air et il y a le lieu. Est-ce que rien ne pénètre en moi ? Alors que je suis ici même, cela me sera-t-il à jamais refusé ? N'aurai-je pour partage que ce reflet verdâtre, cet angoissant spectacle d'ombres ?

Le soleil déclina sans doute un peu plus, les ombres s'étirèrent en longueur, alors — venait-il du dehors ou d'au-dedans de moi ? — un regard me toucha ; profond, ambigu, comme d'un qui passe. Il passa, et il se détournait déjà à demi de moi, se détournait à demi, avec dédain, de cette ville, sa patrie. Son regard me révéla à moi-même en se dévoilant à moi : c'était Platon [1]. Autour des lèvres de l'inventeur des mythes, du contempteur des dieux, se dessinaient l'orgueil et des songes surnaturels. Il allait dans un vêtement magnifique, immaculé, qui balayait le sol, lui, le citoyen hors du commun, le souverain ; il passait en flottant comme les esprits quand ils se déplacent, les pieds joints. De son mépris il frôlait le temps et le lieu, semblant venir de l'est et vouloir disparaître à l'ouest.

Une fois le fantôme évanoui, tout n'était plus qu'insipide et triste. La colline, avec ses ruines, avait l'air d'avoir doublement perdu son caractère sacré et ma faute était mise à nu. Je m'en pris à moi : c'est ta propre faiblesse, tu n'es pas capable d'insuffler la vie à tout cela. Cet appel de l'éternité — qui pourrait l'entendre ! Comment le percevrais-tu ? Tu trembles déjà devant la fragilité des choses, tu plonges tout ce qui t'environne dans le bain terrifiant du temps. En voulant contourner la colonne, tu tentais seulement de poursuivre l'instant qui vient de fuir ! — Machinalement je me levai. Ma présence pesait sur ce lieu. Le monde mort mourait une fois encore à travers moi. Je vais lire, me dis-je, et je cherchai une place à l'ombre. Je tirai le livre, le *Philoctète* de Sophocle, et je lus. Je voulais me fuir moi-même et ne faisais que courir après moi ; je lisais ligne à ligne, signe après signe, comme j'avais fait pour ces ruines alentour. Non que mon esprit fût accaparé au point de ne pas comprendre ce qu'il lisait : chaque vers me paraissait clair, intelligible ; mélodieuses et terribles s'élevaient dans les airs les lamentations de l'homme solitaire[1]. Je sentais tout le poids de cette détresse et en même temps la sensibilité et la pureté incomparables du vers de Sophocle. Mais entre tout et moi se glissait de nouveau ce voile verdâtre, le même soupçon me rongeait, et cette révolte de mon être intérieur. Ces dieux, leurs sentences, ces hommes, leurs actes, cela me restait étranger au-delà de toute mesure, fallacieux, vain. Ils semblaient, ces personnages, tandis qu'ils parlaient sous mes yeux, changer de visage. Ils agissent, ils trompent — se trompent-ils eux-mêmes ? Le fils d'Achille croit-il ce qu'il dit ? Tantôt j'avais l'impression qu'Ulysse avait pris son âme candide dans ses ruses, tantôt qu'il consentait à se faire son complice. Que faut-il comprendre, quand il se révolte soudain contre lui et promet à Philoctète son retour ? Il n'y a pas de navire pour le ramener. Que se passe-t-il en lui ? Les autres veulent dérober au malade son arc[2] ; mais ils n'ignorent pas que même sans Philoctète la ville ne peut tomber. Savent-ils que ce qu'ils font est vain, vains aussi ces discours astucieux, et ne se l'avouent-ils pas ? Tout cela était singulier au plus haut point, impénétrable. Je ne pouvais continuer ma lecture. Je laissai le livre. Une brise se leva, elle caressa la colline et tourna les pages du livre qui reposait à terre. Il y eut en même temps une odeur de fraises et d'acacias, de blés mûrs, de poussière des routes, de pleine mer. J'éprouvais les sortilèges de cette odeur, dans laquelle le paysage entier se résumait ; un paysage qui baignait dans le souffle remonté du fond des siècles, un air où l'or de l'éternité semblait s'être dissous. Mais je ne voulais pas m'y abandonner. Je me penchai, ramassai le livre et m'apprêtai à partir.

Impossible Antiquité, me disais-je, impossible commencement, quête inutile. — La dureté de ces paroles, apparemment, me divertissait. — De tout cela, rien n'existe. Ici, où je pensais le saisir de mes mains, encore moins qu'ailleurs. Une ironie démoniaque tisse autour de ces ruines qui gardent leur mystère jusque dans la décomposition. Elles ne ressemblent que trop à ces odeurs. Les unes comme les autres incitent à des rêves inutiles, et ce qui demeure, c'est, sur la langue, le goût du mensonge.

Je me levai pour quitter ces lieux peuplés par les fantômes de l'inexistant et pour me rendre dans le petit musée qu'abritent des murs discrets construits sur le versant. C'est là, pensais-je, que sont exposés dans des vitrines les joyaux retrouvés dans les gravats des tombes : petits miroirs de métal, bracelets ou breloques d'or martelé, cruches et urnes. Eux ont résisté à l'assaut du temps, pour le moment du moins, ils n'expriment qu'eux-mêmes et sont d'une beauté parfaite. Une coupe rappelle la courbe d'un sein, d'une épaule de déesse. Un serpent en or, qui s'enroulait autour d'un bras, évoque ce bras. Le labyrinthe qui les orne présente à l'âme le motif de l'infini, mais si maîtrisé qu'il ne met pas notre être en péril. A travers l'amusement des yeux les sens se déclarent satisfaits et leur besoin d'infini se laisse endormir. Voilà où je veux aller. Il est vain de se démener pour atteindre l'inaccessible.

Je m'y rendis tout droit d'un pas rapide et entrai sous le porche du petit musée. Le gardien se tenait sur le seuil, il m'avait vu venir. Tandis que j'approchai, il s'effaça d'un air apparemment négligent, puis, dès que j'entrai, j'entendis dans l'obscurité sa voix où perçait une surprise feinte : « Vous venez sans faire de bruit, me dit-il, et vous venez tard, monsieur, mais vous ne venez pas trop tard. » C'était un petit homme d'un âge indécis et son visage avait le teint désagréable des blonds quand ils appartiennent à une race sombre. « Vous ne venez pas trop tard, parce que vous me trouvez disposé à vous laisser entrer en dépit du règlement, bien que le soleil couchant ait déjà atteint le bord de la colline. » Ses lèvres et les affreux poils blonds de sa longue moustache participaient avec une vanité excessive à chacune des paroles qu'il prononçait, il s'écoutait avec admiration faire usage de la langue étrangère et ses yeux à l'éclat déplaisant étaient fascinés au-delà de toute retenue par sa propre personne. « Je vous laisserai entrer, reprit-il, parce que tel est mon bon plaisir, encore qu'un règlement ridicule m'impose de suivre certaines prescriptions. Mais votre temps est compté, choisissez ce que vous désirez voir. »

Pendant qu'il parlait, son visage me devenait odieux, sans qu'il fût vraiment laid. Mais les trois éléments de sa barbe entretenue avec un grand soin : une moustache drue, un collier bien taillé et le bouc qui le terminait donnaient à toute sa petite physionomie quelque chose d'irritant, et je ne voulais pas m'attarder auprès de lui. « Admirez d'abord, me dit-il en prêtant une oreille complaisante à ses paroles, avec quel art on a construit mon musée pour qu'il ne dérange aucunement les contours de l'illustre colline. » Il me donna le temps d'observer le phénomène ; puis il recula et me laissa continuer : « Je mets à votre disposition les trésors que la nation grecque a confiés à ma garde. Je ne vous importunerai pas, et si votre œil ne vous suffit pas, touchez ces vénérables pierres avec la main du connaisseur. Car, je le vois tout de suite, vous n'êtes ni allemand ni archéologue, mais français et artiste. » Je me dérobai à son bavardage et pénétrai dans la première salle. Contre le mur, à un endroit où il ne faisait plus très clair, était exposée sur un socle de bois une œuvre qui ne m'intéressait pas et me paraissait laide, et je m'apprêtai à passer rapidement à la suite. Mais l'homme était déjà sur mes talons : « Vous avez raison, monsieur, attardez-vous devant cette œuvre d'art : il n'y a peut-être au monde rien de plus sublime, certainement rien de plus remarquable ; vous êtes devant le génie à trois corps, le plus noble ornement du temple primitif d'Athéna. » Ces trois corps masculins greffés sur une grossière queue de dragon enroulée[1], je les trouvais hideux ; leurs trois têtes barbues avaient comme une expression débonnaire ; leurs yeux écarquillés posaient sur moi un regard lourd, animal. « Vous avez là, disait le petit homme en tortillant la pointe de sa moustache, vous avez là un art véritablement grand, archaïque. Quelle virilité ! Quelle gravité, auprès de quoi tout ce qui vient après paraît mou et décadent ! Voilà qui réduit à néant cette fable des Grecs imberbes. » Il me fixait d'un air presque menaçant et je compris quelle signification il devait donner à partir de là à sa triple barbe. « Et maintenant imaginez cette œuvre magnifique avec ses couleurs : les visages et les lèvres rouge-brun — vous en voyez les traces ici —, le globe des yeux blanc-jaune, l'iris vert, la pupille gris-noir. Les barbes et les moustaches, il faut se les représenter bleues, bien entendu, toutes les trois, ainsi que la chevelure des deux têtes les plus éloignées, tandis que pour celle du milieu — quelle trouvaille lourde de sens, sur laquelle j'ai beaucoup réfléchi et dont j'ai l'intention de parler dans une publication — les cheveux ont la teinte blanc-jaune de la vieillesse ! » Il m'obligea à m'approcher davantage et voulut me prendre le bras pour me montrer de près les traces de peintures sur ces visages massifs, mais je m'écartai brusquement et lui tournai résolument le dos. Dans la salle suivante, où je me hâtai d'entrer et où régnait une pénombre plus grande encore, car elle n'avait qu'une seule ouverture étroite, je m'arrêtai et crus entendre son pas derrière moi. Je tendis l'oreille, mais il ne m'avait pas suivi. Je franchis une autre porte et pénétrai dans la troisième salle.

Il y avait là des statues, des corps de femmes aux vêtements longs[1]. Elles formaient un demi-cercle autour de moi, inconsciemment je tirai le rideau devant la porte et me retrouvai seul avec elles. Dans leur calme parfait, saturé de vie, elles semblaient avoir les yeux baissés sur elles-mêmes, ou fixer un point devant elles, mais elles ne me voyaient pas. Et pourtant — c'était peut-être la dernière chose dont j'avais pris conscience à la seconde où j'étais entré, avant de ressentir une impression tout autre — les yeux avaient un regard : cela pouvait provenir de la vie merveilleuse qui animait leur lèvre supérieure et se prolongeait vers la racine du nez pour aller se perdre en gravité sublime sous les yeux.

C'est dans cet instant que cela eut lieu : une frayeur sans nom, qui ne venait pas de l'extérieur, mais de quelque part aux confins reculés d'un abîme intérieur ; c'était comme un trait de foudre : la salle, telle qu'elle était, quadrangulaire, avec ses murs blanchis à la chaux et les statues qui la peuplaient, fut remplie un moment d'une lumière bien plus forte que celle qui y régnait vraiment ; les yeux des statues étaient soudain dirigés sur moi et un sourire absolument indicible se dessinait sur leur visage. La minute se chargeait pour moi d'un contenu particulier : je comprenais ce sourire parce que, je le savais, je ne le voyais pas pour la première fois ; d'une manière quelconque, dans un monde indéterminé, j'avais déjà été au milieu d'elles, j'avais avec elles entretenu certaines relations et depuis lors tout cela en moi avait attendu cette frayeur intense, il me fallait me rencontrer en moi de cette manière si terrible pour que je redevienne celui que j'avais été. — Je dis « depuis lors » et « autrefois », mais, de tous les modes du temps, aucun ne pouvait traduire ce rapt au cours duquel je m'étais perdu : il ne connaissait pas la durée et ce dont il était plein se passait en dehors du temps. C'était une trame tissée avec la leur, l'abandon à un écoulement commun, un mouvement rythmé, inaudible, plus puissant et autre que la musique, menant quelque part ; une tension interne, un départ ; cela ressemblait à un voyage ; d'innombrables pieds en marche, des cavaliers innombrables ; l'aube d'un jour de fête ; la virginité de l'air, le petit matin avant le soleil — voilà d'où venait la lumière forte et blême dont mon cœur et l'espace avaient tressailli — un jour d'espérance où tout va se décider. Il y avait quelque part une cérémonie, une bataille, un sacrifice glorieux : voilà ce que signifiaient ce tumulte de l'air, l'élargissement et le resserrement de l'espace — et aussi cet essor inqualifiable en moi, cette sociabilité débordante, alternant avec un abattement morne, touché par le souffle de la mort ; car je suis le prêtre qui célébrera cette solennité ; et aussi la victime qui sera immolée : tout va se dénouer, s'achève par un seuil qu'on franchit, par une terre qu'on aborde, par ce lieu — des figures dressées ici, et moi au milieu d'elles ; tout est encore présence, sous leurs vêtements qui ruissellent, dans leur sourire qui sait : là elle s'éteint déjà, absorbée par la pierre des visages, s'éteint, disparaît ; rien ne demeure, qu'un relâchement touché par le souffle mortel. Des statues m'entourent, au nombre de cinq, je prends à l'instant conscience de leur nombre, elles se tiennent, étrangères, devant moi, pesantes et de pierre, et leurs yeux sont détournés. Leur stature est haute ; modelée — à la manière des dieux ou des animaux — en des formes plus puissantes que nature ; leur visage est étranger ; des lèvres retroussées, l'arc des yeux surélevé, des joues fortes, un menton autour duquel la vie circule ; l'expression est-elle encore humaine ? En elles, rien ne fait allusion au monde dans lequel je respire et je bouge. N'y a-t-il pas dans ce masque au sourire ambigu un coup d'œil inquisiteur venu de l'autre bord ? et en même temps une menace, toute provisoire et présente, comme d'une atmosphère qui se condense ? Ne suis-je pas devant les plus étrangères parmi les étrangères ? Et n'est-ce pas, ce qui s'échappe de ces cinq physionomies virginales, l'éternel frisson du chaos ?

Mais, Dieu, comme elles sont réelles. Elles ont une telle présence sensuelle qu'on retient son souffle. Elles portent, sur leurs pieds magnifiques et robustes, un corps élevé comme un temple. Leur air solennel n'a rien d'un masque : le visage reçoit du corps toute sa signification. Ce sont femmes nubiles, jeunes épousées, princesses. Leurs traits n'expriment que la rigidité de l'attente, la vigueur et la majesté exceptionnelles de leur race, la conscience de leur propre rang. Ce qui rend fixe leur regard, c'est l'appréhension d'une cérémonie majeure, c'est qu'elles participent à des choses supérieures à tout ce qu'on peut ordinairement pressentir.

Comme elles sont belles ! Leur corps a plus de poids à mes yeux que le mien. Dans cette matière modelée je puise un enseignement tel que je n'en ai jamais reçu d'aussi grave de mes membres. Il y a en elles une intention, et si forte qu'elle me tend moi aussi. Jamais auparavant je n'ai vu quelque chose comme cette masse, cette surface. L'espace d'un cillement de paupière, l'univers ne semblait-il pas s'ouvrir à moi ?

Mais maintenant de nouveau — alors que je me crois si dégrisé, si tôt dégrisé et revenu à moi — cette matière que je vois, elle n'est point dégrisée, si solide qu'elle puisse paraître, elle garde quelque chose de liquide, de nostalgique, elle vient de quelque part et laisse deviner qu'elle va quelque part. Elle est en voyage, elle touche terre en cet instant, veut-elle m'emmener avec elle ? D'où, sinon, ce pressentiment d'un départ en moi aussi, cet élargissement rythmé de l'atmosphère, cette marche d'un pied ferme au long d'un fleuve inconnu, cette ascension d'une montagne tourmentée, encore jamais vue ? D'où, cette inquiétude lourde de prémonition, ce tumulte muet qui me menace ou dont je suis le maître ? — Et je répondais infailliblement comme fait un rêveur : ces draperies couvrent le mystère de l'infini. Non seulement leur ondulation, leur plissé tombant des épaules jusqu'au-dessous des genoux, non, la surface entière est vêtement, voile mouvant, mystère évident. De la même manière, le rideau qui se gonfle doucement là-bas n'est-il pas une part mouvante de moi-même ? N'ai-je pas reçu en partage des membres invisibles que je meus comme en rêve sans le savoir ? Si je les possède, n'est-ce pas afin de lever le voile avec des mains non terrestres, de pénétrer dans l'éternel temple vivant ? — Si en moi s'éveillait un sens qui serait au-dessus de tous les autres ; s'il pouvait commander aux yeux, de l'intérieur ! — voilà quelle réponse je percevais en moi, fluide et nette, comme le bond d'une eau jaillissante, et une pensée nouvelle s'insinuait : celui qui serait à la hauteur de telles figures, devrait s'en approcher autrement que par la vue, avec à la fois plus de réserve et plus d'audace. Son œil déjà devrait le lui imposer, quand son regard insiste, puis s'abaisse, se brouille comme celui d'un homme terrassé. — Et de même qu'un grand flot envahissant la maison vous saisit au creux des aisselles, cette pensée me soulevait, me portait jusqu'à elles, dans le même temps qu'elle les poussait vers moi.

Je n'abaissai pas mon regard, mais une forme se jeta à genoux devant l'une des prêtresses, quelqu'un posait son front sur le pied d'une statue. Je ne savais pas si je l'imaginais ou si la chose avait lieu. Il y a un sommeil dans la veille, un sommeil qui dure l'espace de quelques respirations, mais qui a en lui un pouvoir de métamorphose plus grand, et ressemble davantage à la mort, que le long et profond sommeil des nuits.

De nouveau je recouvrai mes sens. Sans aucun doute, pensais-je, je suis ici sous l'empire de la présence, avec plus de force et d'une autre manière que cela n'est donné d'ordinaire. Ce qui est ici devant moi, ce qui emplit ma vue, m'attire quelque part, dans l'infini. C'est de ces statues, c'est possible, que mon âme reçoit son aimantation, ou, c'est encore possible, d'autre chose que ce dont elles sont autour de moi les messagères. Car il est étrange que je ne les ressente pas non plus vraiment comme présentes, et que je les appelle à moi de quelque lointain, avec un étonnement durable, avec un sentiment inquiétant et doux comme le souvenir. En réalité, je me souviens d'elles, et à mesure que je me donne à ce souvenir, je parviens à m'oublier. Cet oubli de soi est un événement singulier, sans équivoque : un rejet grandiose, lambeau après lambeau, pelure après pelure, au cœur de l'ombre. Il serait voluptueux, si la volupté savait atteindre des régions aussi hautes. En me débarrassant de moi sans retenue, en me désagrégeant, je deviens de plus en plus fort : indestructible dans mon noyau. Indestructibles, le sont aussi celles qui se tiennent devant moi. Il serait impossible de se blottir contre leur galbe. Leur surface n'existe même pas — elle se forme à mesure qu'on s'en approche, émergeant de profondeurs insondables. Mais elles existent, elles, inaccessibles. Et je le suis aussi. C'est par là que nous communiquons.

Il est cependant une chose que je devine en un

éclair : ce sur quoi repose ma souveraineté présente. Je méprise le nombre et toutes les différences. Cela fait partie de ce que j'ai rejeté. Je sens que la grandeur plus qu'humaine de ces êtres se dissout à mon contact, devient néant. Puis, que leur pluralité se ramène pour moi à une unité. J'éprouve enfin tout cela à la fois — et que tous les autres phénomènes relèvent d'un ordre unique : ces voyages qui s'offraient à moi voici quelques instants, je n'en ai plus besoin ; demeurant ici, je suis aussi sur la rive de ce fleuve étrangement vaste, je me tiens au sommet de cette montagne aux versants tourmentés. Je n'ai besoin que d'elles, les porteuses de l'éternité, et avec elles je fais de moi une divinité. Par leur stature, leurs draperies ruisselantes, leur expression, leur regard qui sait sans regard, elles sécrètent cette unique parole : « éternel ! » Tandis que je lis le hiéroglyphe de ce visage — car leurs visages depuis longtemps ne font plus qu'un pour moi, des cheveux à la plante des pieds elles sont vraiment figure et je ne sais aucune hiérarchie, aucune succession dans la contemplation de leurs diverses parties — tandis que je reconnais pleinement, dans un ultime élan, les signes qui composent ce visage, je fais une dernière découverte : d'elles aussi je puis me passer. Je n'ai besoin d'elles que dans la mesure où elles ont besoin de moi. Elles ne seraient pas debout devant moi, si je ne les aidais pas, d'éternité en éternité, à se dresser.

Et pendant que je me sens devenir de plus en plus fort et que, montant comme la colonne d'air chaud au-dessus de l'incendie, je perds un peu plus de ma substance avec ce seul mot : éternel, éternel, je m'interroge en faiblissant comme une lampe dans la pleine lumière du jour : si l'inaccessible se nourrit de mon être et si l'éternel se sert de moi pour fonder son éternité, est-il quelque chose encore qui me sépare de la divinité [1] ?

Ressouvenir [1]

Traduction de Jean-Claude Schneider.

Mes pensées retournent rôder vers ces journées du jeune âge ; non pas comme, au regard de qui prend congé de la vie, se lève sur un sol terne, en une simultanéité pétrifiée, la succession nombreuse des expériences ; au contraire : j'aborde un espace chimérique où l'âme baigne dans une profusion aux miroitements obscurs. La pièce est modelée à merveille par l'audace du rêve, sans qu'elle contienne aucun meuble ; ses parois sont plutôt suggérées, d'une manière approximative, comme quelque chose qui, d'un dehors dont l'éclat lugubre menace de faire irruption, sépare un dedans spacieux.

Une foule emplit cet espace ; mais c'est la foule du rêve, qui se moque du nombre. Peut-être même n'y en a-t-il pas tant. Qui sait d'ailleurs si ce sont des êtres tout à fait mortels, dont la présence forme cette fluctuation harmonieuse et assourdie, ou si ses propres émanations, pareilles à des images détachées d'un miroir, ne déambulent pas avec l'unique convive et si ce n'est pas la présence de ces génies qui fait surgir les autres groupes singulièrement riches, semblables à des faisceaux de masques, à des gerbes d'eau colorée ou à des candélabres allumés dont la vue en ce lieu est si bénéfique pour l'œil.

J'en reconnais plus d'un ; mais non d'une manière toute terrestre ; et je ne saurais dire d'un seul être en ce lieu qu'il m'est pleinement inconnu. Des lambeaux de leurs entretiens, passant à mon oreille, suffisent à me faire tout savoir. Leurs gestes me sont transparents. Je pressens sans effort leur cohésion, résultat d'un accord secret entre leurs solitudes. Ils me sont aussi familiers et aussi étrangers que moi-même, et je devine, par une analogie exercée sans relâche et dont l'usage me fascine, la signification plus dissimulée de leur orgueil : il n'est qu'un abandon illimité à l'inconnu — l'égarement de leur moi dans l'étendue de leur rêve et l'inextinguible soif de beauté que leurs mines expriment. Ils ressemblent à des génies, et c'est ce qu'ils sont : ce sont uniquement de jeunes êtres.

Ce lieu est le plus riche où j'aie jamais pénétré et pénétrerai jamais. La lumière qui l'emplit est la lumière du matin, mais sans la naïveté propre au matin terrestre : on dirait du matin qu'il a consumé le soir à l'avance ; son éclat est lourd de présages, et ses ombres savent. En regardant autour de moi, je reconnais ce qui donne au lieu cette beauté particulière. A l'inverse de toute autre salle dont les murs enferment des êtres mortels, c'est l'insécurité qui magnifie celle-ci. Comme au travers d'un voile de nuages, partout désireux de se déchirer, l'œil, où il veut, se perd en un spectacle immense. Les pays et les peuples de la terre, les foules grouillantes et les solitudes pétrifiées, les choses secrètes du temps et de l'espace, tout s'y trouve, ordonné en processions, dans une attente sans mesure.

Notre condition rappelle celle d'un groupe de compagnons d'infortune à la veille d'un voyage dont nul ne se dissimule qu'il sera fructueux. A l'instant, un sifflement ou quelque signal de cloches va, impitoyablement, déchirer ce silence. Mais l'instant ne vient pas.

La vague menace dont l'atmosphère s'est emplie, se condense ; chacun la sent devenir dure et mordante, et, comme la pointe d'une lance, chercher son cœur. Mais à la seconde où elle le touche, la menace se change brusquement en un assouvissement d'une plénitude presque insupportable, et celui qu'elle a touché, « cette pointe acérée de l'infini » [1], dans ce combat fantomatique du matin, à lui l'arbitre ne peut, dans le long combat qui s'instaure alors, ni donner ni refuser la couronne suprême. Il la porte. — Injustement ? — à quel prix du sang achetée ? — c'est son secret.

*Quelques mots en préface à l'*Anabase *de Saint-John Perse* [1]

Traduction d'Albert Kohn.

Nous voyons les poètes français engagés dans un combat depuis une quarantaine d'années. Il nous faut chercher à comprendre ce combat et son but — et qui devrait le comprendre sinon nous ? Mais cela n'avance à rien de parler ici d'écoles, de tendances, de modes esthétiques et de choses semblables avec lesquelles la critique littéraire universitaire a coutume d'obscurcir les faits. Il s'agit de la langue française dans sa fonction la plus secrète et ce combat est ancien. L'esprit national de cette nation, si heureux mélange de trois éléments ethniques, est vivant mais prosaïque. La raison gouverne. Vers le milieu du XVIIe siècle, cette prédominance de la raison est pour ainsi dire élevée au rang de loi fondamentale. Malherbe triomphe de Régnier, le ton raisonnable triomphe de la vibration émotionnelle. La conformité à la loi est fortifiée pour tous les temps, l'inconscient qui nous submerge trop souvent est refoulé. La clarté pragmatique sans équivoque de l'énoncé est posée comme exigence, même l'expression symbolique, la métaphore est soumise à des restrictions très sévères. L'exécution de ces lois relève d'une instance sans appel, le bon goût, sorte de conscience intellectualisée.

Cependant la vie plus secrète de la langue, dont dépend une vitalité délicate et extrêmement intime, de la nation, se met sur la défensive. Ce vieux combat qu'au XVIe siècle, la Pléiade avait mené, combat pour une syntaxe libre, pour des métaphores plus hardies, aux sens plus nombreux, pour le droit de se rapprocher de la musique de son temps — nous le voyons se renouveler à la fin du XIXe siècle. Mallarmé est le grand chef et doctrinaire de ce mouvement (mais sa doctrine ressemble à sa poésie, elle s'accomplit par allusions et il y règne l'élimination de la précision, de la cohérence pragmatique et son action n'en est que plus grande et plus durable). Mais Baudelaire et Rimbaud précèdent Mallarmé et le flot majestueux, la polyphonie secrète du premier, tout comme chez l'autre la rupture frénétique des ordonnances, chez tous les deux c'est un effort pour se rapprocher du domaine de la musique qui en fait des frères de Mallarmé. Car celui-ci était assurément déjà presque tout autant musicien que poète. Au point de vue de la composition on ne saurait guère discerner de différence entre lui et Debussy [1].

Mais les rythmes de Paul Claudel ont aussi leur place dans ce domaine, cet élément hymnique qui apporte le parfum de mondes entiers même dans une réplique de ses drames, souvent dans un vers. Et Valéry apparaît, seulement au regard superficiel, assujetti à d'autres lois et tout cela uniquement parce que sa clarté est si grande, parce qu'il serait en une certaine mesure possible d'exprimer mathématiquement la courbe de son langage mais dans la lumière il y a les mêmes secrets et les mêmes richesses que dans la pénombre.

A tous il importe — et quelle série de noms les plus nobles avons-nous alignée ! — il importe de renouveler l'inspiration lyrique à partir de l'intérieur de la langue elle-même. L'individu créateur, entouré comme par des murs de voies d'expression beaucoup trop frayées, se jette dans la langue elle-même et cherche à obtenir en elle l'ivresse de l'inspiration et à s'ouvrir de nouveaux accès à la vie conformément à ces grandes intuitions qu'ont les sens quand ils s'arrachent à la domination de la raison éveillée. C'est, ce fut toujours la façon des Latins de s'approcher de l'inconscient. Ils ne s'en approchent pas comme le fait l'esprit germanique qui dans un demi-rêve se consume de ses propres délices, ce dont la poésie anglaise et allemande nous offre de puissants exemples, mais en se lançant eux-mêmes impétueusement sur l'autre rive dans des transports, en secouant tous les objets pêle-mêle, en rompant les ordonnances. Ce sont des saturnales de l'esprit. De nouveaux réflexes surgissent sous des regards qui s'éteignent presque, c'est un nouveau rajeunissement sans pareil, un Mystère au sens propre. Ici un chemin conduit aussi du « Bateau ivre » de Rimbaud aux tout premiers vers de Stefan George. Tous les deux ont en commun ce que le Romain a défini par le mot « incantatio » : le sombre et violent ensorcellement de soi-même opéré par le pouvoir magique des mots et des rythmes.

Aux tendances les plus profondes de ces poètes se joint un poète contemporain dont nous présentons l'œuvre poétique principale. Cette *Anabase* a un arrière-plan héroïque et lorsqu'il s'éclaircit à nos yeux, nous sommes confrontés à quelque chose qui tient de la sévère délicatesse de Poussin. L'événement lui-même est dépouillé de son contexte historique, social, conceptuel. Cette précision que nous considérons presque comme synonyme de l'esprit français est éliminée. Moins cependant que, par exemple, chez Mallarmé, il y a une rivalité avec la musique. Au lieu de ce matériau verbal miroitant, aux multiples significations sensibles, par le moyen duquel les choses semblent comme encloses dans la musique, nous sentons le contact rugueux d'une grande et dure résistance. Les mots annonciateurs de pureté et de rigueur, de domination et de maîtrise de soi-même : la juste balance, le sel pur, l'idée pure, l'élément purificateur, sanctifiant qu'il y a dans le sel, « les délices du sel », résonnent sans cesse. Les duretés voulues des transitions, les tournures qui sans répit s'interrompent brusquement, les caprices que renferme l'Orient évoqué, tout cela forme une lecture qui se dérobe tout autant qu'elle se donne. Mais l'intuition dévoile une œuvre pleine de beauté et de force et, indéfinissablement, une œuvre sortie de l'esprit du présent — de ce présent tendu et héroïque de la France qui produit de nouveaux saints et qui, au Midi, devant ses portes, fonde un nouvel empire colonial.

Je parle de l'original de Monsieur Saint-John Perse, non de la traduction. Une œuvre de ce genre est purement intraduisible. Baudelaire non plus n'a jamais été traduit, en dépit d'essais toujours répétés. En pareils cas la traduction ne saurait jouer d'autre rôle que celui d'un compte rendu très précis et consciencieux. Quoi qu'il en soit, il subsiste une certaine fascination dans l'ordonnance du contenu, autrement il serait inexplicable que les traductions de poèmes chinois puissent nous captiver et nous ravir, des traductions en anglais ou en allemand, qui ne sont même pas confectionnées d'après l'original mais d'après des transcriptions latines.

DOSSIER

CHRONOLOGIE

1874. *1er février :* naissance à Vienne de Hugo Hofmann von Hofmannsthal. Famille juive parfaitement assimilée, aisée, convertie au catholicisme et anoblie en 1835. Fortune en partie ruinée par la crise de 1873. Le père de Hugo est directeur de banque, sa grand-mère est italienne et sa mère, nerveuse, est de santé plutôt fragile.

1884. Etudes au Lycée Académique de Vienne, jusqu'en 1892.

1890. Publication d'un poème, *Question,* sous le pseudonyme de Loris. Hugo fréquente un café littéraire de Vienne et fait la connaissance de Schnitzler.

1891. *Décembre :* rencontre Stefan George. Publie *Hier,* proverbe en vers inspiré par la Renaissance italienne. *Mai :* représentation à Vienne d'une pièce de Maeterlinck traduite par Hofmannsthal.

1892. *Septembre :* voyage dans le sud de la France. *Octobre :* collabore à la revue de George *Blätter für die Kunst* et y publie *La Mort du Titien* et quelques poèmes. Etudes de Droit jusqu'en 1894 à l'Université de Vienne.

1893. *Le Fou et la mort,* drame en vers. *Alceste,* d'après Euripide.

1894. Ecrit le poème *Tercets* après la mort de Joséphine von Wertheimstein, amie de sa mère, qui recevait dans son salon les artistes, savants et écrivains de Vienne : « Voici la première vraie tristesse que j'éprouve. » *Octobre :* service volontaire au Régiment de Dragons, en Moravie, jusqu'en *septembre 95.*

1895. *Le Conte de la 672e nuit. Octobre :* après le Droit, étudie les langues romanes.

1897. *Le Petit théâtre du monde. La Femme à la fenêtre. L'Eventail blanc. Les Noces de Sobeida. L'Empereur et la sorcière.*

1898. *Mai :* première représentation d'une pièce de Hofmannsthal, *La Femme à la fenêtre*, à Berlin. Mémoire sur *L'Utilisation de la langue chez les poètes de la Pléiade. Juillet :* lieutenant en Galicie, près de la frontière russe. Lit beaucoup pour oublier le vide de la vie militaire : Nietzsche, Hölderlin, Goethe, Balzac, Pindare, Maupassant. *Septembre-octobre :* à Venise. *L'Aventurier et la cantatrice,* d'après une anecdote tirée des *Mémoires* de Casanova.

1899. A Berlin. Plusieurs pièces représentées. Rencontre Hauptmann. *Les Mines de Falun.* Publication de *Théâtre en vers. Le Fou et la mort.* Fait la connaissance de Rilke.

1900. *Février :* à Munich. *Février-mai :* à Paris, rencontre Maeterlinck et Rodin. *L'Aventure du Maréchal de Bassompierre.*

1901. Rédige une thèse (Habilitation) sur Victor Hugo, mais renoncera à la soutenir pour vivre de sa plume. *Juin :* mariage avec Gertrud Schlesinger à Vienne. Installation à Rodaun, non loin de Vienne, dans une maison construite sous l'Impératrice Marie-Thérèse, avec verger à flanc de coteau et pavillon transformé en bureau. Il y résidera jusqu'à sa mort. Début d'une longue et solide amitié avec le poète Rudolf Alexander Schröder. Début du travail sur les pièces de Sophocle et Calderón.

1902. Visite du philosophe Rudolf Kassner dont l'œuvre enseigne à Hofmannsthal « pourquoi on écrit, ce que veut dire écrire, et quels rapports cela implique avec l'existence ». *Février-mars :* visite de Borchardt, autre poète et grand ami de Hofmannsthal, qui passa une grande partie de sa vie en Toscane, ardent défenseur du classicisme, de la forme, un des grands érudits de son temps et merveilleux traducteur de Dante. *La Vie est un rêve. Mai :* naissance d'une fille : Christiane. *Août : Une lettre* (Chandos). *Septembre-octobre :* Rome, Venise. *Venise sauvée*, d'après une tragédie d'Otway.

1903. Revoit George, à Munich, qui publiera la même année un choix de poèmes aux éditions qu'il dirige. *Mai :* rencontre le metteur en scène Reinhardt. *Octobre :* naissance d'un fils : Franz. Première d'*Electre* (mise en scène de Reinhardt).

1904. *Mars :* mort de sa mère. *Septembre :* Venise. *Œdipe et le sphinx.* Espoir avorté d'obtenir la direction d'un grand théâtre (Weimar).

1905. *Avril :* Weimar. Conférence sur Shakespeare. *Mai :* Paris. Rencontre Gide. Adapte *Œdipe Roi* de Sophocle.

1906. *Février :* rencontre Richard Strauss à Berlin ; début d'une longue collaboration sans amitié véritable ; Hofmannsthal exprimera souvent son regret de n'avoir pas « rencontré un compositeur moins célèbre mais plus proche de (son) cœur, plus apparenté à (son) monde spirituel » (lettre de 1914 à Bodenhausen). *Mars :* une courte lettre de George, concernant des poèmes de Hofmannsthal, met un terme définitif à leurs relations. *Mai :* naissance d'un fils : Raimund. *Jedermann* en prose. *Décembre :* conférence *Le Poète et l'époque présente,* dans plusieurs villes d'Allemagne.

1907. Première version du roman *Andreas. Lettres du voyageur à son retour. Souvenirs de beaux jours. Silvia. Semiramis.* Hofmannsthal date de cette époque la nouvelle évolution que connaît son œuvre : il aspire à retrouver la grande tradition théâtrale et souhaite mêler dans une comédie tous les éléments constitutifs de son art.

1908. *Février-mars :* Berlin. *Avril-mai :* voyage en Grèce avec Maillol. *Instants de Grèce. Le Retour de Christina.*

1909. *Janvier :* première de l'opéra *Elektra,* à Dresde. *Lucidor. Le Chevalier à la rose* (achevé en *juin* 1910).

1910. *Septembre :* première d'*Œdipe Roi* à Munich. *L'Irrésolu.*

1911. *Janvier :* première du *Chevalier à la rose* à Dresde. *Ariane à Naxos. Décembre :* Première de *Jedermann* à Berlin.

1912. *Mai :* visite chez Rudolf Borchardt en Toscane. *La Légende de Joseph,* pantomime pour les Ballets russes de Diaghilev, le 14 mai à Paris. *Octobre :* Première d'*Ariane à Naxos* à Stuttgart.

1913. *Avril :* à Rome avec Richard Strauss, puis chez Borchardt. *La Femme sans ombre* (opéra achevé en *août* 1915). *Les Chemins et les rencontres* (publication).

1914. *Juillet :* appelé comme officier en Istrie, puis versé au service de l'intendance au ministère de la Guerre à Vienne. Publication d'écrits patriotiques, voire de propagande.

1915. *Octobre :* Bruxelles. *Décembre :* mort de son père. Hofmannsthal fonde une « Bibliothèque autrichienne » (26 volumes édités en 2 ans). Voyages à Cracovie, Berlin et Bruxelles en mission politique.

1916. *Janvier-février :* Berlin. *Ad me ipsum. Juillet :* en mission culturelle et politique à Varsovie. Conférence *L'Autriche dans le miroir de sa littérature. Novembre-décembre :* voyage en Scandinavie, conférences.

1918. *Octobre :* se plonge dans la littérature systématique de Calderón. *Décembre :* rencontre le diplomate Carl Burckhardt, début d'une profonde amitié.

1919 : *Octobre :* première de *La Femme sans ombre* à Vienne. Achève le récit *La Femme sans ombre.*

1920 : *Mai-juin :* Italie et Suisse. *La Tour. Août : Jedermann* joué sur le parvis de la cathédrale de Salzbourg (premier Festival de Salzbourg).

1921. *Novembre :* première de *L'Irrésolu* à Munich. *L'Incorruptible. Août :* première du *Grand Théâtre du monde* à Salzbourg.

1922. Hofmannsthal édite la revue *Nouvelles Contributions allemandes* (6 cahiers jusqu'en 1927).

1923. *Mars :* première de *L'Incorruptible* à Vienne. *Hélène d'Egypte* (achevé en *mars* 1924). S'intéresse au cinéma et réalise le scénario du film *Le Chevalier à la rose* (dont la première aura lieu à Dresde, le 10 janvier 1926).

1924. *Avril-mai :* Italie. *Octobre :* première version de *La Tour.*

1925. *Février-mars :* Maroc, Paris. *Mai-juin :* Angleterre.

1926. Publication de la *Correspondance avec Strauss.*

1927. *Janvier :* conférence *L'Ecrit comme espace spirituel de la Nation* à l'Université de Munich. *Février :* Sicile. *Arabella* (achevé en *juin* 1929).

1928. *Février :* Première de *La Tour* à Munich et Hambourg.

1929. *Février-mars :* Bâle, Heidelberg, Munich. *Mai :* Italie. Visite à Borchardt. Volume de prose : *Le Contact des sphères. Juillet :* suicide de son fils Franz. Mort de Hofmannsthal, frappé de congestion, le jour de l'enterrement de son fils.

INDICATIONS BIBLIOGRAPHIQUES

I. TEXTE

Hugo von Hofmannsthal, *Sämtliche Werke. Kritische Ausgabe in 37 Bänden*, Fischer Verlag, édition en cours depuis 1976.

Hugo von Hofmannsthal, *Gesammelte Werke in 10 Einzelbänden*, Fischer Taschenbuch Verlag, 1979. (C'est à cette édition que nous devons la plupart des indications concernant les dates de rédaction et de publication des œuvres.)

II. EN FRANÇAIS

Hugo von Hofmannsthal, *Andreas et autres récits*, trad. E. Badoux et M. Michel, Gallimard, coll. L'Imaginaire, 1981.

Hugo von Hofmannsthal, *Le Chevalier à la rose et autres pièces*, trad. C. Rousselle, H. Thomas, J. Verdeaux, L. Vogel, Gallimard, 1979.

Hugo von Hofmannsthal, *Lettre de Lord Chandos et autres essais*, trad. A. Kohn et J.-Cl. Schneider, Gallimard, 1980.

Hugo von Hofmannsthal, *Correspondance avec C. J. Burckhardt*, trad. L. Servicen, Plon, rééd., Gérard Monfort, 1980.

Hugo von Hofmannsthal, *Avant le jour*, poèmes, trad. J.-Y. Masson, Orphée, La Différence, 1990.

Hugo von Hofmannsthal, *Le Livre des amis*, trad. Jean-Yves Masson, Maren Sell, 1990.

Hugo von Hofmannsthal, *La Femme sans ombres*, trad. Jean-Yves Masson, Verdier, 1992.
Hugo von Hofmannsthal, *L'Incorruptible*, trad. Jean-Yves Masson, L'Arche, 1997.
Hugo von Hofmannsthal, *Chemins et rencontres*, trad. Pierre Deshusses, Rivages, 2002.
Hugo von Hofmannsthal, *Elektre, Le Chevalier à la rose, Ariane à Naxos*, trad. Pierre-Antoine Huré, Laurent Mulheisen, Garnier-Flammarion, 2002.
Hugo von Hofmannsthal, *Lettres à Rilke*, trad. Pierre Deshusses, Rivages, 2002.
Hugo von Hofmannsthal, *Les mots ne sont pas de ce monde*, trad. Pierre Deshusses, Rivages, 2005.
Hugo von Hofmannsthal, *Le Lien d'ombre*, trad. Jean-Yves Masson, Verdier poche, 2006.
Hugo von Hofmannsthal, *Jedermann*, trad. Daniel Hurstel, Verdier poche, 2010.
Hugo von Hofmannsthal, *Œuvres en prose*, trad. Jean-Louis Bandet, Pierre Cimaz, Audrey Giboux et al., La Pochothèque, Livre de Poche, 2010.

III. SUR HOFMANNSTHAL

E. C. de La Ferté, *Hugo von Hofmannsthal*, Paris, Seghers, 1964.
Hermann Broch, *Hofmannsthal et son temps*, in *Création littéraire et connaissance*, trad. A. Kohn, Paris, Gallimard, 1966 (et coll. Tel, 1985).
Numéro spécial Hofmannsthal, *Cahiers du sud*, n° 333, 1955.
Numéro spécial Hofmannsthal, *Sud*, automne 1990.
Werner Volke, *Hugo von Hofmannsthal*, Jacqueline Chambon, 1995.
Jean-Yves Masson, *Hofmannsthal, renoncement et métamorphose*, Verdier poche, 2006.

NOTES

POÉSIE ET VIE

Page 19.

1. La conférence, écrite et publiée en 1896 dans un journal de Vienne, fut reprise parmi les œuvres signées du pseudonyme de Loris.

Page 24.

1. Goethe écrivait dans *Poésie et vérité :* « Tout ce que j'ai publié ne représente que les fragments d'une grande confession », et il déclarait à Eckermann (18-IX-1823) n'avoir jamais écrit que des « poésies de circonstance ». Ici déjà se manifeste la tendance éthique de Hofmannsthal, son goût pour « la pudeur », son malaise devant l' « indécence » de la poésie. Goethe y aurait sans doute souscrit et c'est d'ailleurs chez lui que Hofmannsthal entrevoit la possibilité de « concevoir une littérature de confession, tout en ne livrant rien de son Moi » (Broch, *Hofmannsthal et son temps,* dans *Création littéraire et connaissance,* Gallimard, 1966). Le théâtre et le conte seront aussi des moyens pour y parvenir.

Page 25.

1. Cette conférence s'inscrit en réaction contre les tenants du naturalisme.

2. La phrase citée est de Stefan George ; publiée d'abord dans la revue *Blätter für die Kunst (Feuillets pour l'art),* ce texte a été repris dans *Faits et jours.* Hofmannsthal, à l'époque, connaissait très bien George, mais leur amitié était parvenue à son point de tension extrême.

Page 28.

1. Hofmannsthal fera tout de même dire à Lord Chandos, parlant de ses ambitions littéraires : « Chacune d'elles nourrie d'une goutte de mon sang. »

LE POÈTE ET LA VIE

Page 31.

1. Ecrit et publié en 1897 dans la revue de Stefan George, *Feuillets pour l'art.*

UNE LETTRE

Page 35.

1. Ecrit en 1902, ce texte a été publié en octobre 1902 dans un journal de Berlin, puis recueilli en volume en 1905 avec d'autres récits de Hofmannsthal. Ce dernier avait eu l'intention de constituer un volume de conversations et lettres imaginaires qu'il aurait rassemblées sous cet exergue tiré de *La Sagesse des Anciens* de Bacon : « Quant à moi, j'espère faire figure de novateur sur ces questions banales — parce que, laissant de côté celles qui sont assez simples et évidentes, je me concentrerai uniquement sur les plus riches et les plus profondes. » Outre *La Lettre du dernier Contarin* (cf *Andreas et autres récits,* Gallimard, 1970), l'ensemble aurait, semble-t-il, compris plusieurs lettres de Chandos à Bacon, ainsi qu'une conversation entre un jeune Européen et un noble japonais, une lettre d'adieu de Vigny au Prince de Bavière, et le dialogue entre Balzac et Hammer rapporté dans *Personnages de roman et de théâtre* (1902).

Ecrite sous forme de récit, cette lettre imaginaire n'aurait pourtant pas pu être conçue sans une crise personnelle de Hofmannsthal, qu'évoquent les deux fragments de lettres à Edgar Karg que nous traduisons ici : « ... ensuite j'ai été très malade, ce genre de maladie stupide, sans fièvre, mais qui vous ôte tout, toute joie de vivre et de penser, toute capacité de saisir les rapports entre les choses, tout le contenu de l'âme, et qui ne laisse qu'une réflexion continuelle, vide et stérile. Cela a duré quelques semaines... » (3 mai 1895). « ... Ce qui importe, ce n'est pas de faire des expériences neuves, mais de s'éveiller en soi-même et d'apprendre à partir de ce qu'on a. Les milliers de concepts abstraits qui débouchent les uns dans les autres, s'interpénètrent, sont comme les alluvions que le grand fleuve dépose sur ses deux rives. Lorsqu'on nage au milieu en pleine eau vive, cela ne vous concerne nullement et il ne faut pas même s'en soucier, certes il est troublant de voir tant et tant de personnes ronger sans cesse autour de ces concepts comme des chiens sur un vieil os et on n'ose pas tenir toute cette agitation pour nulle. Pourtant il le faut. La plupart des gens ne vivent pas dans la vie, mais dans un simulacre, dans une sorte d'algèbre où rien n'*existe* et où tout seulement *signifie*. Je voudrais éprouver fortement l'être de toute chose et, plongé dans l'être, la profonde signification réelle. Car l'univers entier est en fait plein de signification, est sens devenu forme. L'être-escarpé des montagnes, l'être-immense de la mer, l'être-obscur de la nuit, la manière qu'ont les chevaux de regarder fixement, la constitution de nos mains, le parfum des œillets, la succession des houles et des creux dans le sol, ou des dunes, ou des falaises sévères, la manière dont un pays entier se livre vu d'une montagne, et ce qu'on ressent en pénétrant par une journée torride dans un frais vestibule aux dalles mouillées, ou lorsqu'on mange une glace : dans toutes les innombrables choses de l'existence, en chacune isolément et de façon singulière, quelque chose s'exprime, que les mots jamais ne peuvent rendre, mais qui parle à notre âme. Ainsi, le monde entier est un discours de l'insaisissable à notre âme, ou bien un discours de notre âme à elle-même. La tristesse est un concept de la langue réelle, dans celle de la vie il y a mille tristesses : la tristesse quand on ne voit que pierres, mer et ciel ; la tristesse quand on est obligé, peut-être à cause d'une odeur de fraises fraîches, de songer à certaines journées de l'enfance ; la tristesse dans les yeux las de certains singes, la tristesse, tout autre, quand le soleil décline d'une certaine façon ; et tant d'autres encore, non ? Les mots ne sont pas de ce monde, ils sont un monde en soi, justement une sorte de monde entier, complet, comme le monde des sons. On peut dire tout ce qui existe ; et on peut mettre en musique tout ce qui existe. *Mais on ne peut jamais dire une chose tout à fait comme elle est.* C'est pourquoi les poèmes suscitent une telle nostalgie stérile, comme les sons. Cela, beaucoup de personnes ne le savent pas et elles sombrent en voulant dire la vie. Or la vie se dit elle-même. Elle parle au moyen des apparences. Mais il y a toujours une apparence, une combinaison de mots, un assemblage de sons, qui touchent notre âme comme une même identité. Elles sont manifestement une identité absolue, la triple expression d'une chose inconnue, d'une vibration de Dieu. Cela, au début, te déconcertera un peu, car il y a, profondément enracinée en nous, cette croyance, certes une croyance enfantine : que si seulement les mots exacts nous venaient à l'esprit, nous pourrions raconter la vie tout comme on pose l'une sur l'autre des pièces de quatre kreuzer. Or c'est faux, et les poètes font absolument, absolument de même que les compositeurs, je veux dire qu'ils expriment leur âme dans un médium qui est même dispersé dans toute l'existence, car l'existence a en elle la totalité de tous les sons possibles, mais c'est leur association qui importe ; c'est ainsi que procède le peintre avec les couleurs et les formes qui ne sont qu'une partie des apparences mais sont tout pour lui, et c'est grâce à leur combinaison qu'il exprime à son tour toute son âme (ou ce qui revient au même : tout le jeu du monde). Finalement on peut aussi s'imaginer un merveilleux jongleur qui, en lançant la balle dans le médium de la pesanteur et du mouvement (assez proche en cela de l'architecte), parviendrait à quelque chose de tout à fait identique et qui ferait passer en nous toutes sortes de nostalgies, d'émotions et d'excitations infinies. Tu vois, c'est pour cela que je crois ceci : rien de ce qui est écrit ne doit être cru. Tous les grands livres, les grands poèmes, la Bible et les autres, sont des mondes oniriques qui n'ont avec le monde réel et entre eux qu'une parenté métaphorique et ne peuvent aucunement être vissés ensemble comme des tuyaux ! Mais tout le bavardage des hommes (et aussi tout le bavardage écrit) ressemble à une musique véritable, mal chantée, qu'on perçoit au milieu du fracas des voitures et des bruits indistincts de la rue. En l'écoutant, on peut par hasard, en mettant les choses au mieux, percevoir quelque chose. Mûrir, cela veut dire peut-être seulement : apprendre à écouter en soi-même de manière à oublier tout ce bruit et pouvoir à la fin ne plus l'entendre. Quand on s'éprend de soi en soi-même et qu'à force de regarder son reflet on tombe à l'eau, ainsi qu'on le dit de Narcisse, on est, je crois, tombé sur la meilleure voie, comme les petits enfants qui rêvent qu'ils tombent par la manche du paletot de leur père dans le pays des contes, entre la montagne de verre et le puits du roi des grenouilles. " S'éprend de soi-même ", je veux dire, ma foi, de la vie, ou aussi bien de Dieu, comme on veut. Je voulais une fois noter tout cela, d'abord parce que je le crois, et puis parce que ça te dira peut-être quelque chose... » (18 juin 1895).

Page 37.

1. Il est difficile de dire où Hofmannsthal a lu ce nom de Chandos. Nous n'avons trouvé aucun Philippe, mais un Brydges Grey, cinquième Lord Chandos (1579 ?-1621), devenu chevalier de Bath en 1604. Horace Walpole fait de lui l'auteur d'essais très intéressants publiés en 1620 sous le titre *Horae subsecivae*, qui sont l'œuvre d'un tout jeune homme.

Francis Bacon (1561-1626) fut créé baron de Verulam en 1618 et vicomte de Saint-Alban en 1621.

2. « Ceux qui sont atteints d'un mal grave ne ressentent pas les douleurs, c'est leur esprit qui souffre. »

Page 39.

1. Henri VIII (1491-1547), roi despotique, à la vie mouvementée, celui qui prit part à l'entrevue du Drap d'or, eut six femmes dont certaines eurent la tête tranchée. Derrière cette figure shakespearienne, il y a aussi, bien sûr, les débuts d'une ère florissante (architecture, musique, politique maritime, rupture avec Rome).

2. On aura reconnu dans ces deux mots le titre donné par Goethe à ses Mémoires, *Poésie et vérité*.

Salluste (87-35 av. J.-C.) : la sobriété et la densité de son style, non exempt d'archaïsmes, ainsi que son goût pour la psychologie et les portraits ont fait l'admiration de ses successeurs.

Page 40.

1. Ces *Narcisse, Protée* et *Actéon* désignent vraisemblablement, si l'on admet que c'est Hofmannsthal et non Chandos qui parle, des pièces d'inspiration symboliste.

2. César avait composé un recueil de formules célèbres, les *Apophtegmata* ; c'est Auguste qui demanda à son bibliothécaire de les faire disparaître.

3. Il s'agit d'une idée évidemment chère à Hofmannsthal : l'éducation par identification à l'autre (allomatique). Il a d'ailleurs en partie réalisé ce projet du *Nosce te ipsum* avec *Le Livre des amis* et avec *Ad me ipsum*.

Dans le paragraphe qui suit, Hofmannsthal, nourri de platonisme et de néoplatonisme, songe peut-être à la « coïncidence des opposés » développée entre autres par un Nicolas de Cues.

Page 43.

1. Dans *Description d'un combat*, Kafka exprime lui aussi ses doutes sur la possibilité d'énoncer une seule vérité, de prononcer un jugement (voir dans ce récit la conversation d'une femme avec sa voisine). Il y dit notamment : « Et j'espère apprendre de vous ce qu'il en est au juste des choses pour qu'elles sombrent autour de moi comme une chute de neige, alors que pour les autres rien qu'un petit verre d'eau-de-vie sur une table est aussi solide qu'un monument. » Kafka peut-il avoir eu connaissance de *La Lettre* avant 1904 ? Il faudrait supposer, ce qui est bien improbable, qu'il l'avait lue lors de sa publication dans un journal de Berlin en 1902. Mais la parenté est troublante entre la « chute de neige » de Kafka et les « champignons moisis » de Hofmannsthal (cf. *page 42*).

Page 44.

1. Hofmannsthal disait pourtant dans sa *Ballade de la vie extérieure* publiée en 1896 :

« Il dit pourtant beaucoup, celui qui dit " le soir ",
Un mot d'où le deuil et la gravité ruissellent
Comme coule un miel lourd des alvéoles creux. »

Et dans *Poésie et vie* il écrivait : « Les mots sont tout » (cf. *page 25*).

2. Hofmannsthal pense sans doute au Sénèque stoïcien, à l'auteur des *Consolations* et de *La Tranquillité de l'âme*.

Page 46.

1. Au livre I, paragraphes 27 à 30.

L'ENTRETIEN SUR DES POÈMES

Page 53.

1. Ecrit en 1903 et publié en 1904 dans la *Neue Rundschau*, ce dialogue devait initialement avoir une suite, consacrée à d'autres poèmes de George.

Page 55.

1. *L'Année de l'âme* de Stefan George avait paru en 1897. Né en 1868 en Rhénanie, et poète très précoce, George avait rencontré en 1889, à Paris, Mallarmé et les milieux symbolistes. Il a ensuite rassemblé autour de lui un cénacle d'esprits voués au culte de l'Art pour l'art, à l'intention desquels il a fondé la revue *Feuillets pour l'art* et une maison d'édition du même nom. L'essentiel de son œuvre a été écrit avant la Première Guerre mondiale et sa

personnalité poétique s'affirme pleinement, libérée de toute influence, à partir de *L'Année de l'âme*. Rompant avec l'impressionnisme de ses premiers recueils, George veut ne plus rien laisser au hasard et élabore une forme lucide, d'une musicalité extrême, sans préciosité, destinée à arracher la beauté à la fugacité de l'instant et à soustraire la poésie à toute vocation sociale comme à toute effusion sentimentale. La poésie devient alors une voix qui s'élève contre le néant, et le poète est le mage de ce nouvel office sacré.

En 1896 déjà, Hofmannsthal avait consacré un article à la poésie de George, assurant qu'on y trouverait « la quiétude incroyable et la fraîcheur d'un temple profond ». Une amitié, orageuse chez l'Allemand, distante chez l'Autrichien, a servi de lien intermittent entre les deux poètes, depuis leur rencontre en 1891 jusqu'à la brouille définitive en 1906. George reprocha ensuite à Hofmannsthal d'avoir trahi la poésie pour le théâtre et, qui plus est, pour la comédie. Dans une lettre de 1896, George affirmait déjà son indignation parce que Hofmannsthal avait évoqué un lyrisme « appartenant entièrement à la vie, nullement à l'art ». L'ironie de l'Histoire a voulu que la poésie de George, qui ne se voulait au service de rien, soit récupérée par le national-socialisme.

Page 58.

1. D'après une conversation rapportée par Max Brod, Kafka, pourtant méfiant à l'égard de la poésie, s'était déclaré profondément impressionné par ces « pierres mouillées dans un vestibule » et, d'une façon générale, par tout *L'Entretien* qu'il avait lu en revue. *Description d'un combat*, le premier texte connu de Kafka (1904), reprend d'ailleurs, en le déformant intentionnellement, un vers de George tiré du poème cité en *page 57* : « Tombant des arbres, des fruits pas mûrs frappaient le sol de manière démente » (cf. Klaus Wagenbach, *Franz Kafka*, Mercure de France, 1967).

2. Cette phrase sur le Moi se situe au cœur de la pensée de Hofmannsthal.

Page 59.

1. Wagenbach (voir note 1 p. 58) cite cette phrase à propos de la perception douloureuse de l'extérieur chez Kafka.

Page 61.

1. Friedrich Hebbel (1813-1863) est surtout connu pour son théâtre, à mi-chemin entre celui de Kleist et celui d'Ibsen. Il a

néanmoins publié deux recueils de poèmes (en 42 et 47) dans lesquels il exprime son angoisse devant l'imperméabilité du monde.

Page 65.

1. De nouveau le thème majeur de la pensée de Hofmannsthal. Où s'arrêtent les limites du Moi ? Le Moi n'est-il pas fait de tout ce qui le prolonge, de tout ce qui lui advient et l'altère, de la somme incalculable des hasards et des possibilités qui le traversent ? Dans ce que Hofmannsthal appelle « la pré-existence », rien ne sépare nettement le dedans du dehors ; la personne est encore « le lieu géométrique des autres destins » (la formule s'appliquera plus tard au héros du roman *Andreas*). Seule la conscience sépare, mais les moments d'intense exaltation nous rendent à cette existence non séparée où le symbole a justement sa source.

Page 72.

1. Ce célèbre poème de Goethe, tiré du *Divan occidental-oriental*, a été écrit en juillet 1814 à Wiesbaden. Il s'inspire d'un poème soufi de Hafiz qui évoque la mort du papillon dans la flamme. Mais la notion goethéenne de métamorphose oriente évidemment le poème, non vers l'engloutissement dans l'unité divine, mais vers la réalisation de la vie à travers tous ses instants pour atteindre chaque fois un degré d'existence supérieur. Cet appel à profiter de tout ce qui peut nourrir l'élan vital et à voir dans chaque moment qui passe une métamorphose et une palingénésie ne pouvait que séduire Hofmannsthal ; c'est en effet un thème qu'on retrouvera dans ses contes.

Hofmannsthal est peut-être l'inventeur de cette légende du poème écrit sous la fenêtre d'un mourant. La femme de Goethe, Christiane Vulpius, est morte en 1816.

LE POÈTE ET L'ÉPOQUE PRÉSENTE

Page 75.

1. Ecrite en 1906 et publiée en 1907 dans la *Neue Rundschau*, cette conférence a été prononcée à Munich, Francfort, Göttingen, Berlin et Vienne au cours de ces deux années. Hofmannsthal note dans son *Journal* en 1906 : « Je travaille à ma conférence. J'en trouve l'épigraphe dans les *Lettres sur l'éducation esthétique du genre humain* : " Je n'aimerais pas vivre dans un autre siècle. On fait partie de l'époque comme on fait partie d'un Etat " » (Schiller).

Page 83.

1. Lord Clive (1725-1774), général lié à l'histoire de la conquête de l'Inde ; William Pitt verra en lui un officier « d'essence divine ».

Samuel Johnson (1709-1784), homme de lettres fécond, auteur de célèbres *Vies de poètes*, et qu'on considère comme un des grands fondateurs de la critique.

Warren Hastings (1774-1785), souvent associé à Clive comme fondateur de l'empire des Indes, dont il fut le premier Gouverneur général.

Le second Pitt (1759-1806), homme d'Etat d'une grande intégrité et d'un habile sens politique. Sa figure reste liée à la lutte contre les influences de la Révolution française, puis à la résistance à l'hégémonie napoléonienne.

Cecil Rhodes (1853-1902), homme d'affaires, découvreur des espaces sud-africains (la future « Rhodésie ») ; il sera ministre, puis retournera mourir en Afrique.

Page 89.

1. Kaspar Hauser est ce personnage énigmatique, mort assassiné en 1833, en qui l'opinion a voulu voir le bâtard de divers personnages éminents (entre autres : Stéphanie de Beauharnais). Verlaine s'en est inspiré pour sa fameuse complainte « *Je suis venu, calme orphelin...* » de *Sagesse.* Georg Trakl l'évoque dans un poème de 1913. En 1967, Peter Handke lui consacrera à son tour une pièce.

Page 92.

1. Hebbel a déjà été cité dans *L'Entretien.* Auteur de pièces de théâtre qui ressassent la notion de faute tragique et l'écrasement de l'individu par les nécessités de l'Histoire pour que le monde puisse survivre, il a aussi laissé un important *Journal* dans lequel il exprime ses réflexions sur la vie, le théâtre, et une vision pessimiste du monde non dépourvue d'ironie. Hofmannsthal note dans son propre *Journal* de *1890* : « Commencé aujourd'hui les *Journaux* de Hebbel : le principal intérêt de tels livres est qu'ils nous rendent attentifs à ce qui sommeille en nous. Nous marchons sur des perles couvertes de poussière. »

Page 95.

1. Dans *L'Espace littéraire*, Maurice Blanchot rapproche ce passage d'une lettre dans laquelle Keats parle du poète en ces

termes : « Il n'a pas de Moi, il est toute chose et il n'est rien. Il n'a pas de caractère... Il n'a pas d'identité. Il se remplit continuellement d'autres corps que le sien... » Keats est un des poètes que Hofmannsthal affectionnait.

Page 96.

1. Dans un poème de *1896, D'Aucuns certes*, Hofmannsthal utilise la même image : « Je ne puis... / épargner à mon âme effrayée / La chute muette des étoiles lointaines. »

Page 97.

1. Le Prince de Ligne (1735-1814), militaire, diplomate, écrivain. Grand voyageur, homme d'esprit, son amabilité et sa finesse assurent son succès dans les salons et la société des Grands de ce monde (Joseph II, Versailles, Catherine II, les Encyclopédistes).

Page 102.

1. Le Diable avoue à Karamazov que son rêve est de « s'incarner dans quelque marchande obèse, et de partager toutes ses croyances » (Dostoïevski, *Les Frères Karamazov*, quatrième partie, livre IX, chap. 9).

Page 109.

1. Ottilie est, après Mignon, l'autre figure féminine inoubliable imaginée par Goethe. On trouve son *Journal* au chapitre 9 des *Affinités électives.* Certains de ses gestes nous restent en mémoire. Proche du monde élémentaire par sa nature physique, son être lui-même « rayonne » autour de lui. Dans la seconde partie, lorsqu'elle comprend le mal qu'elle a provoqué par sa seule présence, après son amour malheureux, et ayant effectué pour son propre compte (sur le modèle des plantes, cher à Goethe) sa « métamorphose », « il devint tout à coup évident à ses yeux que son amour, pour arriver à la perfection, devait devenir entièrement désintéressé ».

LES CHEMINS ET LES RENCONTRES

Page 113.

1. Ecrit en 1907 à Venise et dans le Tyrol, ce récit est contemporain de la conception du roman *Andreas.* Dans un texte de 1893, *Age of innocence*, Hofmannsthal avait noté : « Ce qu'on appelle le

chemin de la vie n'est pas un chemin réel avec un commencement et un but. Au contraire il a de nombreux croisements et même, à vrai dire, il ne se compose sans doute que de croisements et chaque point est le départ possible de possibilités infinies. »

Page 115.

1. Il s'agit d'une phrase tirée d'un livre de l'écrivain symboliste Marcel Schwob, *Spicilège*, publié en 1896. La phrase est ici citée en français.

2. Dans la première publication de ce texte (dans un journal de Vienne en 1907) figure ici le passage suivant : « Car en ces jours l'air est doucement agité d'une telle volupté, et la pureté de l'éther si resplendissante, et la pureté des branches dressées sur le ciel pur et les tournoiements de deux petits faucons en chasse au-dessus du bulbe de l'église et la fuite au loin d'un essaim de colombes blanches comme neige exercent un tel pouvoir sur l'imagination qu'il semble qu'une route conduise en toute direction. Mais c'est étrange de voir à quel point tout peut nous échapper. »

Page 116.

1. Les deux paragraphes ci-dessous furent pareillement écartés lors de la reprise de ce texte en volume :

« Mais nous aussi sommes toujours en mouvement, et on ne peut imaginer figure plus étrange et plus mystérieuse que les lignes, arbitraires en apparence, de ce chemin. Elles se croisent, retournent au point initial, le recoupent et de nouveau s'éloignent. Parfois elles laissent derrière elles une trace de sang et de feu qui longtemps reluit. Parfois elles laissent une trace qui brille au point de ne plus s'effacer. Ceux qui vivent avec le Christ suivent constamment un chemin jusqu'à son terme puis s'en reviennent, ainsi que, sur cette échelle du rêve de Jacob, les anges ne cessent de monter et de descendre. Il y a des moments de repos sur ce chemin, que nul ne peut oublier, comme cette Cène du soir, ou avant elle cette halte sur le versant d'une montagne avec, tout autour, des milliers de personnes venues pour écouter. Et il y a des revirements, des carrefours, d'apparentes possibilités de suivre tel autre chemin, des moments d'horreur qui, toujours et toujours encore, sont revécus par des âmes pieuses, comme cet arrêt devant les portes de Jérusalem, cette attente d'une ânesse qu'on doit amener " afin que la parole s'accomplisse ", ou bien cet instant suprême, le plus terrible, sur le Mont des Oliviers. Celui qui a regardé cela, ce chemin et les stations de ce chemin, il a aperçu la figure dont les lignes sont les chemins d'un être humain, mais dont le plus grand secret reste les points où les lignes s'incurvent. Les expéditions d'Alexandre le Grand, celles de Colomb et des Conquistadors, je veux dire toutes les lignes de la vie de ces hommes-là, depuis le berceau jusqu'au bûcher ou à la tombe, en passant par les palais des rois, par-dessus les cadavres des rois, puis par les geôles et les oubliettes, ces expéditions, inscrites sur un tableau, sont des figures chargées de sens, mais peut-être qu'une figure encore plus chargée de sens apparaîtrait si quelqu'un pouvait faire surgir sous ses yeux soit les itinéraires de Don Quichotte, dont les tournants sont ces fameux moulins à vent, et l'auberge avec les marionnettes, ou bien la cave avec les sacs à vin, soit les itinéraires des personnages de Dostoievski qui ne mènent pourtant que d'une demeure à une autre, ou d'une cave à une place déserte, derrière un hangar, à un triste mur coupe-feu ou autre chose du même genre. Car une chambre tout ordinaire, un hangar à l'abandon ou un mur qui s'effrite peuvent être les tournants définitifs d'un chemin tout autant que les portes de Jérusalem ou les rives de l'Indus. Et le retour de Raskolnikov dans la maison de la logeuse, dans l'appartement où il a étranglé la prêteuse sur gages, est un moment du destin au même titre que l'apparition du spectre du père d'Hamlet sur la terrasse d'Elseneur. C'est seulement étrange que tout soit sans cesse en chemin ; que, hormis le fait de se coucher pour dormir — et ceux qui cheminent se couchent aussi pour dormir — ces deux-là, Hamlet et le spectre de son père, soient depuis des jours en chemin l'un vers l'autre, et que Raskolnikov, depuis l'instant du meurtre, cherche pour ainsi dire par des détours à retrouver le chemin vers le lieu où son destin doit à deux reprises se décider, une première fois en apparence, la deuxième en réalité et de façon définitive.

« Cette condition inhérente à tous les hommes, celle d'être constamment en chemin, ce doit être un rêve qui taraude le prisonnier, un désespoir pour tous les amants fidèles. J'ai entendu dire que dans les maisons d'arrêt on ne désire rien, parmi tous les ouvrages permis, aussi ardemment qu'une carte de géographie. Laisser nos doigts se promener sur une carte, c'est le plus passionnant des romans d'aventures : toutes nos aventures sont indéterminées et toutes les éventualités demeurent ouvertes. Nous ne sommes pas des prisonniers, et nous sommes nous-mêmes sans cesse en chemin vers notre destin. Mais lorsque nous nous immobilisons un instant, lorsque nous devons nous reposer et attendons, nous lisons dans des livres comme les prisonniers sur leur carte maculée, et nous reprenons alors le chemin avec d'autres voyageurs, avec Sindbad que les vagues renvoient de rivage en rivage, ou avec Lovelace sur son cheval, ayant en poche la clef pour ouvrir la petite porte de derrière dans le parc des Harlowe, ou avec Œdipe sur le chemin de Colone. Nous sommes en chemin avec François d'Assise aussi bien qu'avec Casanova. Et rien ne nous paraît au fond plus étrange qu'un homme qui ne change pas de lieu. Nous ne savons rien de saint Siméon le Stylite sinon qu'il s'est entêté à rester trente ans sur une colonne, mais cet unique fait projette son ombre mince, figée, à travers les siècles et prend la place de toute une légende. Nous savons trop peu de chose sur Kant, mais parmi ce peu de chose il y a ce trait particulier qu'il n'a jamais éprouvé le désir de voir quoi que ce soit du monde en dehors de Königsberg, et ce seul trait a quelque chose de monstrueux : c'est avec des traits semblables, éternels et parcimonieux, qu'on a ciselé dans la pierre éternelle vert sombre les visages les plus sublimes des dieux de l'Egypte ancienne. »

Page 117.

1. Au premier chapitre de la *Vita Nova,* Dante raconte comment il fut salué par Béatrice, neuf ans après sa première rencontre avec cette jeune fille.

Page 118.

1. Hofmannsthal, dans sa thèse sur la poésie de Victor Hugo, voit dans *Booz endormi* le sommet de sa production poétique, qu'il atteint chaque fois qu'il parvient à réunir dans « la forme de l'idylle héroïque la richesse et le calme, la force symbolique et la sublime simplicité ».

LETTRES DU VOYAGEUR À SON RETOUR

Page 123.

1. Ecrites en 1907, les *Lettres I* à *III* ont été publiées pour la première fois dans un hebdomadaire berlinois en juin et août 1907, puis reprises en 1931 dans *Le Contact des sphères.* Les *Lettres IV* et

V furent publiées dans un mensuel de Berlin sur l'art en février 1908 sous le titre *L'Expérience du regard* et reprises dans les *Ecrits en prose* sous le titre *Les Couleurs.*

Hofmannsthal connaissait-il déjà, lorsqu'il écrivit ce texte, l'ouvrage de Norton Prince, *The Dissociation of a personality* (New York, 1906), dont il s'inspirera pour la conception du personnage d'Andreas dans le roman du même nom ? C'est en 1907 qu'il fait venir cet ouvrage de psychanalyse dont il a entendu parler. Il s'agit bien ici, en tout état de cause, d'un cas de schizoïdie, et le problème de l'unité du Moi est de toute façon au cœur des préoccupations de Hofmannsthal.

Page 126.

1. Si on en juge par le succès de *Werther*, l'Allemand s'est bien identifié à un moment au héros de Goethe. Avec *Les Années d'apprentissage de Wilhelm Meister*, Goethe, qui envisageait 17 ans plus tôt une éducation esthétique du peuple allemand par le théâtre, se pose, lorsqu'il reprend son projet en 1794, des questions bien plus générales : comment l'homme contemporain (et l'Allemand en particulier) doit-il vivre et que doit-il penser ?

Page 127.

1. Citation de Joseph Addison (1672-1719), qui représente l'apogée du classicisme anglais et l'idéal de l'honnête homme. On trouve dans le *Journal* de Hofmannsthal, à la date du 18 avril 1902, cette note : « Le mot profond, recueilli par Lichtenberg dans le *Spectator* d'Addison : The whole man must move together. »
2. Cf. la note 2, *page 127.*

Page 128.

1. En français dans le texte.

Page 135.

1. William Gladstone (1809-1898), homme d'Etat britannique, d'abord conservateur puis à la tête du parti libéral, succède à Disraeli, prend part aux réformes sociales et refuse les thèses impérialistes.

Page 139.

1. Monuments qui célèbrent la victoire du général germain sur les Romains, dans la forêt de Teutoburg, en l'an 9.

2. Ce réquisitoire contre l'Allemagne et les Allemands nous rappelle d'autres critiques sévères que leur adressèrent deux autres grands esprits allemands : Hölderlin (« Trois fois malheureux celui qui, un mendiant comme moi, poussé par une grande douleur, échoue parmi ce peuple ! » dit-il dans son *Hypérion*, traduction Philippe Jaccottet, Poésie, Gallimard) et Nietzsche.

Page 141.

1. Hofmannsthal songe sans doute à ce demi-vers de *L'Enéide* : « Dulcis moriens reminiscitur Argos » (« Il se souvient, mourant, de la chère Argos ») qu'il cite alors de façon erronée (Chant X, vers 782).

Page 144.

1. Peut-être bien un souvenir personnel de l'auteur, car on retrouve cette « fille du boucher » dans le récit *Crépuscule et orage nocturne :* « C'était la fenêtre de la chambre de la fille du boucher, la plus jolie fille du village ; et, tout le monde le savait, un des garçons les plus vieux avait pu une fois, pendant qu'elle se déshabillait, voir l'ombre de ses seins se dessiner sur les rideaux » (traduction Magda Michel, dans *Andreas et autres récits,* Gallimard, 1970).

Geneviève, duchesse de Brabant, épouse du comte palatin Siegfried, vécut au VIIIe siècle. Un célèbre livre populaire du Moyen Age raconte sa vie. Le « Sturm und Drang » la redécouvre avec Maler Müller (*Golo et Geneviève*), puis le romantisme avec Tieck (*Vie et mort de sainte Geneviève,* tragédie en vers, 1800) ; Hebbel traitera à son tour le même sujet dans son drame *Golo et Geneviève* en 1841.

Page 155.

1. Comme on le verra avec la fin de ces *Lettres,* Hofmannsthal a su, dès 1907, porter sur Van Gogh un jugement éclairé, sensible, et comprendre que ce n'est plus la perception quasi physique de la couleur qui guide le travail de ce peintre, mais la couleur ressentie, et même ressentie comme « douleur ». En réalité, Van Gogh était mort en 1890. L'Allemagne avait effectivement présenté une rétrospective de son œuvre au début du siècle.

INSTANTS DE GRÈCE

Page 161.

1. Le premier de ces trois textes, que Broch qualifiait « d'idylle monacale et bucolique, mais quelle idylle ! », a été rédigé juste après

le retour d'un voyage que Hofmannsthal entreprit en avril et mai 1908, en compagnie du comte Kessler et du sculpteur Maillol, et publié en juin 1908 dans un hebdomadaire de Berlin. Le second texte, conçu en 1909, ne fut rédigé qu'en 1912. Le troisième fut achevé après 1914 et s'inspire d'un livre de Gilbert Murray, *The Rise of greek epic* (1911). Dans un autre texte sur la Grèce qui date de 1922, Hofmannsthal a écrit que le voyage en Grèce était « un pèlerinage spirituel » mais que « toutes les ombres qui nous accompagnent, nous laissent tomber dès que nous posons le pied sur ce rivage ». Comme Goethe arrivant en Italie, Hofmannsthal peut s'écrier : « Moi aussi en Arcadie », mais il note encore dans ce même texte de 1922 : « Même Goethe reste en arrière à mesure que le rivage italien s'éloigne de nous. Tout d'un coup nous sentons en lui un Romain. »

Page 163.

1. Toute expérience mystique, pour Hofmannsthal, passe par un retour aux sources ; ainsi se préparent les révélations que seront les deuxième et troisième parties.

Page 171.

1. Dans son drame *Le Fou et la mort,* Hofmannsthal faisait déjà dire à Claudio : « Et la chance est tout, heure, vent et vague ! »

2. Hofmannsthal a trouvé cet exergue (« *Les chiens aussi ont leurs Erinyes* ») dans le livre de Murray.

Page 175.

1. On aura senti dans cette évocation de Rimbaud une telle présence, un tel souci de faire apparaître les ombres évoquées, que la rencontre qui va suivre semble avoir été suscitée par l'imagination des voyageurs.

Page 179.

1. Ce voyageur malade est un Allemand qui, comme Rimbaud, a refusé la civilisation et qui, comme lui et comme le héros des *Lettres du Voyageur,* rentre au pays après une expérience qui lui a fait perdre la notion du Moi.

Page 182.

1. Hofmannsthal, à propos de ce texte, a noté : « On ne connaît rien. Je quitterai ce pays sans l'avoir connu. Mais j'ai passé sous ces

statues une heure qui a ému l'homme le plus profondément enfoui en moi. J'étais au milieu de réels hommes-dieux. » Il est sûr que Hofmannsthal est frappé par l'image de la Grèce archaïque. Loin de celle d'un Winckelmann, sa vision doit sans doute beaucoup à Nietzsche.

Page 184.

1. Allusion aux contes érotiques d'Aristide de Milet (IIe siècle avant J.-C.).

Page 185.

1. Après le fantôme de Rimbaud, c'est l'ombre de Platon qui apparaît.

Page 186.

1. Depuis des années, Philoctète vit seul, malade, sur l'île de Lemnos où Ulysse l'a abandonné.
2. L'arc qu'il tient d'Héraklès.

Page 189.

1. Le « monstre à triple corps », probablement Nereus.

Page 190.

1. Voici ce qu'en dit un poète de notre temps, Philippe Jaccottet, en 1982 (Préface à sa traduction de *L'Odyssée*, Maspero) : « Je ne les ai pas rencontrées alors comme des pierres, ni comme des œuvres d'art, mais comme des présences aussi fortes, aussi fraîches que des jeunes filles qui seraient en même temps des divinités, comme autant d'heures de l'aube en demi-cercle sur leur cadran. » Dans son texte de 1922, Hofmannsthal revient sur ces statues : « Jamais, par le passé, l'esprit et le corps en nous n'avaient été ainsi ébranlés en leurs plus profondes racines, là où ils ne font qu'un, par un spectacle charnel » et c'est, ajoute-t-il, parce que nous appartenons à la fois à l'Orient et à l'Occident.

Page 197.

1. Broch a qualifié ce troisième volet du tryptique de « vrai chant final transfiguré et transfigurant, car il s'agit du mysticisme qui succède à chacun des mythes et de la théologie qui y prend sa source, de l'illumination rationnelle ».

RESSOUVENIR

Page 199

1. Classé parmi les poèmes en prose, ce texte fut écrit en 1924 pour un hommage à Anton Kippenberg. Hofmannsthal y évoque la naissance de sa vocation de poète, qu'il fait remonter à une représentation du Burgtheater de Vienne.

Page 203.

1. *La pointe acérée de l'Infini :* ces mots de Baudelaire se trouvent, au début du *Spleen de Paris,* dans *Le Confiteor de l'artiste :* « Que les fins de journées d'automne sont pénétrantes ! Ah ! pénétrantes jusqu'à la douleur ! car il est de certaines sensations délicieuses dont le vague n'exclut pas l'intensité ; et il n'est pas de pointe plus acérée que celle de l'Infini. » Curieusement, Proust cite le même passage dans *Les plaisirs et les jours.*

QUELQUES MOTS EN PRÉFACE À L'*ANABASE* DE SAINT-JOHN PERSE

Page 205.

1. *Anabase* avait paru en 1924 dans *La Nouvelle Revue française.* Rilke et Hofmannsthal avaient demandé à Walter Benjamin d'en faire la traduction. Hofmannsthal, chargé d'en rédiger la préface, écrivait en 1928 à Anton Kippenberg : « Il s'agit d'un poème particulièrement obscur, d'un agencement magique de rythmes et de syllabes ». Saint-John Perse s'opposa à cette édition. Le texte de Hofmannsthal parut en 1929 dans une revue suisse.

Page 208.

1. Hofmannsthal aurait aimé écrire un livret d'opéra pour Debussy. Ce dernier ayant refusé, il s'adressa à Richard Strauss.

Ce volume,
le deux cent soixante-quatrième
de la collection Poésie,
a été achevé d'imprimer sur les presses
de CPI Bussière à Saint-Amand (Cher),
le 21 mars 2011.
Dépôt légal : mars 2011.
1er dépôt légal dans la collection : octobre 1992.
Numéro d'imprimeur : 110902/1.
ISBN 978-2-07-032719-5./Imprimé en France.

184067